일상이 된 고백, 그리고
평안

초판 발행 2024년 7월 10일

지은이 | 윤신원
발행인 | 신태식
디자인 | RYUKANG

발행처 | 도서출판 길위에서
출판신고 | 제 2023-000074 호
주소 | 경기도 용인시 기흥구 동백중앙로 191, 8층 에이치 807호
전자우편 | ontheroadpublish@gmail.com

© 윤신원 2024

ISBN 979-11-983885-2-0

※　이 책은 저작권법에 따라 보호받는 저작물이므로 무단 전재와 복제를 금지합니다. 책의 일부 또는 전부를 이용하려면 저작권자의 동의를 받아야 합니다.
※　잘못된 책은 구입하신 곳에서 바꿔드리며, 책값은 뒤표지에 있습니다.

일상이 된 고백 · 그리고
평안

Prologue

다시 프롤로그를 쓰게 될 줄은 몰랐다.

나에게는 생소한 일인 글을 쓰고, 출간하고, 작가라고 부르는 말에 낯설다 못해 깜짝 놀라고...

어쨌든 나의 첫 책인 〈고백:넘치는 기쁨〉이 출간된 지 한 달도 안 되었는데 그리고 더 책을 쓴다는 생각은 별로 없었는데 이렇게 다시 노트북을 켜고 책의 제목을 상상해 보며 프롤로그를 쓴다.

2019년 2월 첫 신장암 진단 후, 양쪽 신장암과 폐전이로 3차례의 수술을 받고 4기 암 환자가 되었으나 면역항암제에 잘 적응하며 3주마다 별문제 없이 맞고 있었다. 14차 항암이 끝났으니 이제 3번만 더 맞으면 1년 스케줄이 끝나고 좀 더 홀가분하게 지낼 줄 알았다.

2023년 8월, 폐 CT 검사에서 새로운 전이가 나타나면서 다시 재발한 경우가 되었고, 생각지 못했던 새로운 일들을 겪으며 다시 쓰고 싶은 말들이 많아졌다.

지난번 책이 4년간의 투병 기록을 담고 있었기 때문에, 재발을 알게 된 후 글을 다시 쓰기 시작했을 때는 이제 시작이니 조금씩 쓰다 보면 언젠가는 또 한 권의 책으로 만들어질 수도 있을 것이라는 생각이었다.

그러나 새로운 표적항암제 치료를 시작한 지 열흘 만에 갑자기 고열로 입원하여 힘든 시간을 보내면서, 그리고 퇴원 후에도 쉽지 않은 시간을 보내는 동안 고백하고 싶은 많은 말들을 어서 담고 싶어졌다.

지난번 고백이 하나님이 주신 기쁨을 나눌 수 있기를 바랐다면, 두 번째 고백은 주님이 주시는 평안을 나눌 수 있기를 바란다.

목차

프롤로그

신실하신 하나님
보트리엔트 표적항암제
찬송 • 만남
The Peace(평안)
오른손 • 열 고문
아무도 모른다
야이로의 딸
2쇄 • 두려워 말라
한 성령님 • 퇴원 예고
갈비 • 라떼는 말이야
집으로 • 잠 • 풀무불
첫 외출 • 밍맹몽
기이하고 가장 기이한 일(Wonder upon wonder)
노심초사
5일간의 선물
순식간에 갑자기
딴 길로 가지 않도록
어미 새의 마음

하나님의 불, 사람의 불

뽀빠이와 올리브

내가 나은 이유

모두의 하나님

내 눈이 볼 것은

기도의 향기 • 믿음

작가는 하나님

다시 시작한 표적항암제 보트리엔트

나이테 • 기다림

엄마의 식탁 • 함께 걸음

선을 이루시는 하나님

Good Luck

크리스마스이브에 쓰는 에필로그

나라서가 아니고 나인데도

연말정산

신뢰 • 하루씩, 하루씩 • 벗

하나님의 열심

평안히 가라

신실하신 하나님

3개월 간격으로 검사하는 복부와 흉부 CT의 판독 결과를 기다릴 때마다 떨리는 마음은 어쩔 수 없다. 복부 판독을 먼저 확인하고 괜찮다는 말을 듣고 흉부 CT 판독을 들으러 판독실로 향했다.

수술했던 좌측 폐에 새로운 결절이 보인다는 말에, 그리고 3개월 전에 찍었던 CT를 다시 확인해 보니 그때부터 의심이 되는 결절이 보이기 시작했는데 이번에 조금 더 커진 것 같다는 말에 다시 혼란스러워졌다.

'또요?'

아직 0.5cm로 크기는 작지만, 조영제에 증강이 잘 되어 전이의 가능성이 높다는 판독이었다. 위치가 깊은 곳에 있어 이전처럼 폐 일부만 잘라내는 쐐기절제술 수술은 불가능하고, 왼쪽 폐의 반을 잘라내는 폐엽절제술을 할 수밖에 없는 위치라고 한다. 그래서 수술보다는 항암 치료 약을 바꾸는 것이 대안이라고 하는데...

지금까지 써왔던 면역항암제는 내성이 생긴 것이니 더 이상 쓸 수가 없고, 좀 더 부작용이 예견되는 표적치료제로 바꾸는 것이 논의되었다.

최근에 들었던 생각...
'만약 내 몸에 암세포가 많이 떠돌고 있고 아직 눈에는 보이지 않아도 어쩌면 내 폐에 혹은 다른 장기에 여러 암세포가 자리를 잡고 있으면 어떡하나'라는 상상하며 하나님과 속으로 대화했던 기억이 났다. 그때 심도 있는 대화를 나누었었는데, 그래서 눈물도 나고 했는데, 그리고 결론(?)도 잘 나서 더 이상 염려에 빠지지 않고 다시 잘 지내고 있었는데...
그때의 결론이 기억이 잘 안 난다. 마치 그 부분만 기억상실이 온 것처럼...

다시 수술받아야 하는지, 항암치료 약을 바꾸어야 하는지, 언제 치료를 시작해야 하는지, 한 번 더 CT 찍어 볼 때까지 기다려야 하는지... 여러 길들 중에 어느 길로 가야 하는지 선택해야 하는 기로에 또 놓였다.

이때가 가장 힘든 것 같다. 어느 길로 가야 할지 몰라 방황하는 이 시간이...

선생님마다 의견이 다를 수 있고 또 어느 것이 최선인지는 가보기 전까진 아무도 모르는 길... 어쩌면 한길을 택해서 간다고 하더라도 다른 길을 택했으면 어땠을까 후회할 수도 있는 길...

하지만 한 가지 확실한 것은 안다. 지금까지 선하게 인도해 주신 하나님께서 앞으로도 선하게 인도해 주실 것이라는 사실이다.

신실하신 하나님이 갑자기 신실하지 않으실 수는 없다. 지금까지 나를 사랑으로 인도해 주신 하나님이 갑자기 안 그러실 수도 없다...

변치 않으시는 신실하신 하나님, 나의 하나님 아버지!

〈고백: 넘치는 기쁨〉 책을 인쇄소에 넘기고 출간일을 앞두고 있는데 이렇게 또 새로운 길을 가야 할 줄이야.

아... 글을 더 쓰고 책 속편을 내야 하나...^^

최근에 하나님의 은혜라는 찬양이 마음에 많이 와닿았다.
원래 내가 좋아하는 찬양이었는데...

나를 지으신 이가 하나님
나를 부르신 이가 하나님
나를 보내신 이도 하나님
나의 나 된 것은 다 하나님 은혜라
나의 달려갈 길 다 가도록
나의 마지막 호흡 다 하도록
나로 그 십자가 품게 하시니
나의 나 된 것은 다 하나님 은혜라
한량없는 은혜
값을 길 없는 은혜
내 삶을 에워싸는 하나님 은혜

나 주저함 없이
그 땅을 밟음도
나를 붙드시는 하나님 은혜
(조은아 신상우)

나의 마지막 호흡 다 하도록...
두려움 없이 새로운 땅을 밟을 수 있는 것은
나를 지금까지 붙드신 하나님의 은혜 때문이다.

지금까지 나를 신실하게 붙드신 하나님 은혜로 살았기 때문에 새로운 길, 새로운 땅을 내딛는 것도 두려워하지 않도록 붙들어 주실 것을 믿는다.

보트리엔트 표적항암제

2023년 9월 4일. 새로운 항암제를 먹기 시작했다.

면역항암제인 키트루다와는 안녕하고, 이제는 보트리엔트라고 부르는 표적항암제를 시작한다.

주치의가 처방해 준 매일 복용하는 항암제와 부작용 시 사용할 약을 가방 한가득 받아왔다.

설사 시, 구내염 시, 구토 시 사용할 약들…

표적항암제는 부작용이 좀 더 세다고 하지만 미리 걱정할 필요는 없겠지.

이러이러한 부작용이 나올 확률이 몇 퍼센트라는 보고들이 있지만, 1% 확률이어도 내게 나타나면 100%인 것이고, 90% 이상의 확률이어도 나에게 안 나타나면 0%인 것이다.

신생아 중환의 여러 합병증을 설명할 때도 부모에게 미리 걱정 안 하셨으면 좋겠다며 이렇게 설명하곤 한다.

부작용 중 머리카락 탈색도 있다고 하는데 이 부작용만 나타나면 제일 좋겠다. 사람마다 피부톤에 따라 어울리는 색, '퍼스널 컬러'가 따로 있다는 말에 테스트를 해본 적이 있다. 나는 '여름 쿨톤'이어서 머리색은 '애쉬 그레이'가 어울릴 것이라는 말을 들었었다.

어쩌면 나에게 가장 어울리는 머리카락 색으로 변할 수도 있겠다.

찬양

나는 찬송가에 담겨 있는 고전적인 찬송을 선호(?)하지는 않는다. 옛 찬송가는 예배당에서 할머니가 손뼉 치며 노래하는 이미지가 떠오르고, CCM(Contemporary Christian Music) 같은 요즘 찬송가는 젊은이가 손들고 찬양하는 이미지가 떠오른다. 어릴 때부터 들어온 옛 찬송가가 익숙하긴 하지만 요즘 나온 새로운 찬양 노래가 더 세련된 것 같고, 더 찾아 듣게 된다. 찬송가는 곡조도 중요하겠지만 사실 가사가 진짜 찬송이다. 옛 곡조에 익숙한 찬양이 나오면 별생각 없이 따라 부르다가, 갑자기 그 가사가 마음에 꽂히는 경우가 있다.
그 가사가 기도가 되는 시간이다.

오늘 아침 눈을 뜨는데 "나 사는 동안 끊임없이 구주를 찬송하리로다" 가사가 생각이 났다.

찾아보니 시력을 잃고 앞을 보지 못하는 F.J 크로스비가 지은 찬양이다.

예수로 나의 구주 삼고...
온전히 주께 맡긴 내 영
사랑의 음성을 듣는 중에...
하늘의 영광 보리로다...
주 안에 기쁨 누리므로 마음의 풍랑 잔잔하니...
이것이 나의 간증이요 이것이 나의 찬송일세
나 사는 동안 끊임없이 구주를 찬송하리로다

평생 보지 못하고 일생을 마친 분이 주님을 보며 만든 찬양이다.

새로운 약을 시작하며 약의 여러 부작용의 가능성에 염려하며 흔들리지 않고... 끊임없이 구주를 찬송하며 주님께 가까이 나아가 하늘의 영광을 보는 시간이 되기를 소원한다.

약 복용하기 시작 전 주말에 부산으로 짧은 여행을 다녀왔다. 약 복용 중에는 수영장, 목욕탕은 못 간다고 하니 호텔에서 수영도 해보고 싶었다. 부산에 갈 때마다 방문하는 수영로 교회 주일 예배 시 읽은 말씀이다.

감사함으로 그 문에 들어가며
찬송하므로 그 궁정에 들어가서
그에게 감사하며 그 이름을 송축할지어다
대저 여호와는 선하시니 그 인자하심이 영원하고
그 성실하심이 대대에 미치리로다
(시편 100:4-5)

주님께 감사하는 마음으로 찬송드릴 때 주님 앞으로 나아가고, 주님 안으로 들어가게 된다.

내가 지금 어떤 형편에 있든지 간에, 감사 찬송드릴 때 주님의 임재 안으로 들어갈 수 있다.

상황은 변하지만 하나님은 변치 않으시니 하나님을 찬송하는 것은 우리가 마땅히 할 수 있는, 언제나 할 수 있는, 당연한 일이다. 상황을 보지 않고, 선하시고 영원히 인자하시고 대대에 이르기까지 성실하신 하나님을 볼 수있다면.

만남

하나님과 어떻게 개인적으로, 인격적으로 만났는지 궁금해하시는 분이 있는 것 같아 나의 이야기를 적어본다.

나는 꽤 종교적인 사람이었다. 초등학교 시절 교회에 나가면서부터는 나름 착실하게 신앙생활을 한 것으로 기억한다.

중학교 때 세례를 받았고 그때의 일기장을 보면 자기 전에 말씀을 읽고 기도하는 것을 노력했던 흔적이 보인다. 고등학교 때는 더 열심이었다. 항상 새벽기도를 열심히 하셨던 엄마를 따라 때때로 새벽기도에도 가고, 고3인데도 교회 여름수련회에도 참석했었다. 그렇게 열심이었던 이유는 하나님으로부터 답을 듣고 싶었던 것 같다.

'나를 아시는지? 아니, 하나님이시니 나를 아시겠지만 여러 사람 중에 있는 한 사람으로서가 아니라 개인적으로 나를 아시는지... 진짜 나를 사랑하시는지?'

나는 내가 갓 입양된 아이처럼 느껴졌었다. 나의 아버지라고 하시는데... 아버지가 가깝게 느껴지지는 않았다. 내가 자녀로서 말썽 안 부리고 예쁨 받기 위해 노력해야 파양 안 될 것 같은... 아버지가 다른 아이들을 사랑하시는 것은 눈에 보이는데, 나를 사랑하시는지는 잘 모르겠는 불안감. 그리고 아이들이 이렇게 많은데 나한테까지 관심이 있으실까?

그래서 어떻게 하면 하나님과 친밀한 만남을 가지고 그 안에서 안도할 수 있을까 항상 고민했던 것 같다. 예배 시간마다, 말씀을 읽을 때마다 하나님이 뭐라 말하실지 신경을 곤두세웠으나 마음에 큰 변화는 없었다. 나는 하나님의 사랑에 자신이 없어 늘 불안했다.

대학생이 되었다. 내가 그렇게 원하던 의과대학에 들어갔다. 내 능력이 아니고 엄마의 기도 덕분인 것 같았다. 나에게는 주어진 은혜였다. 그렇게 원했던 것을 주셨다는 감사가 있었지만, 한편으로는 다시 뺏어 갈 수도 있을 거라는 의심이 있었다. 내가 가장 원했던 건데 하나님이 달라고 하시면 나는 어떻게 해야 하나?

마치 하나님을 한 손에, 내가 가장 좋아하는 것을 한 손에 놓고 어떤 것을 더 중요하게 여기는지 선택해야 할지도 모른다는 부담이 생겼다. 하나님을 가장 사랑하지도 않은 내가 어떻게 하나님 사랑을 갈구할 수 있을까?

대학교 2학년 때 예수전도단 수련회에 참석했다. 일주일 가까이 되는 기간동안 나는 이 문제를 가지고 씨름했다. 수련회에 참석한 많은 대학생이 하나님과 깊이 교제하며, 문제의 응답을 받고, 또 선교사로 헌신하며 하나님께 전적 위탁하는 모습들을 옆에서 지켜보았다. 하나님이 나를 개인적으로 사랑하시는지 확신이 없는 나는 내 삶을, 내 미래를 맡기기 어려웠다.

마치 나는 사탕 하나를 손에 가지고 빼앗기지 않으려고 움켜쥐고 있는 아이 같았다. '아버지가 달라고 해도 이것만은 꼭 가지고 있고 싶어. 내가 좋아하는 것을 왜 빼앗으려는 지 잘 모르겠어.' 나는 아버지에 대한 신뢰가 없었다.

수련회 마지막 날 말씀 시간에 한 외부 강사님이 오셨다. 외국 목사님이셨는데 강단에 서시자마자 이렇게 말씀하셨다. 이 강당으로 걸어 들어오면서 갑자기 전할 내용이 바뀌었다고. 원래는 다른 메시지를 전하려고 준비하셨는데 하나님께서 다른 것을 전하라고 마음에 말씀하신다고...

그리고서 하나님께 전적으로 위탁하는 것에 대한 내용의 말씀을 전하셨다. 30여년 전의 일이라 자세한 내용은 생각나지 않지만, 그때 나는 알았다. 하나님께서 나에게 말씀하시고 계시다는 것을.

저 멀리 해외에서 이 목사님을 보내시고, 이 많은 사람이 모여 있지만 나를 위해 메시지를 바꾸면서까지 나에게 말씀하시는 하나님을 보았다.
He cares for me!
나를 잘 알고 계시는 하나님이셨다.
설교 말씀 끝날 즈음에 목사님이 콜링(calling)을 하셨다. 이 중에 하나님께 자기의 삶을 맡기기를 원하는 사람은 그 자리에서 일어나라고...

이렇게 나를 위하시는 하나님이라면 나를 맡길 수 있겠어...
사탕을 달라고 하실 때는 사탕을 빼앗으려는 게 아니라 사탕이 건강에 안 좋기 때문이던지, 아니면 더 좋은 선물을 줘여 주시기 위한 거라는 것을...

결국 나에게 가장 좋은 것을 주실 아버지라고 믿고 사탕을 내어드릴 수 있겠어!

나는 그 자리에서 일어날 수밖에 없었다. 일어나고 싶었다.

그리고 하나님은 사탕을 빼앗지 않으셨다.
그날 아침에 읽었던 우리 안에 소원을 두고 행하신다는 말씀이 다가왔다.

너희 안에서 행하시는 이는 하나님이시니
자기의 기쁘신 뜻을 위하여
너희로 소원을 두고 행하시나니
(빌립보서 2:13)

'내가 하나님을 오해했구나.
하나님은 사랑의 하나님이신데, 내가 사랑하는 것을 다 빼앗으시는 하나님이 아니신데…
억지로 순종하게 하시는 하나님이 아니신데…
내가 좋아하는 것을 기뻐하시는 하나님이신데…
억지로 내 맘에 들어오시지도 않고 내가 문 열기를 기다려 주신 인격적이신 하나님.'

하나님이 친밀하게 느껴졌다. 말씀을 읽으며 그 말씀 안에서 나에게 이야기하시는 하나님이 기대되었다. 그리고 하나님과 그렇게 교제하는 시간이 조금씩 쌓이며, 내가 누구인지 몰라 불안했던 나의 마음은 하나님이 나를 친 자녀로 사랑하신다는 자존감으로 변해갔다.

하나님과의 만남은 나의 삶에 가장 의미 있는 날이었다.

보라, 내가 밖에 서서 문을 두드리고 있다.
누구든지 내 음성을 듣고 문을 열면
내가 그에게 들어가서 그와 함께 먹고

그는 나와 함께 먹을 것이다.
(요한계시록 3:20)

억지로 들어오시지 않고 지금도 문밖에 서서 두드리고 계신 주님, 누구든지 문을 열기만 하면 들어와 주시는 주님.

각자 그때와 상황과 모습은 다 다르겠지만... 우리를 만나고 싶으셔서 바로 문밖에 서서 두드리고 계신 주님의 음성을 우리 모두가 다 들을 수 있기를 기도한다. 주님과 만나 그 생명의 말씀을 먹고 주님과 교제하는 기쁨을 누리길 기도한다.

이 책도 하나님이 노크하시는 소리가 되면 좋겠다. 당장 문을 열지 않더라도, 끊임없이 노크하시며 오래 기다리시는 하나님의 노크 소리 중 하나가 되면 좋겠다.

The Peace

예수님이 부활하신 후 제자들에게 다시 나타나셨을 때 처음 하신 말씀이 평안하라는 말씀이었다. 부활하신 후 첫 등장이니 가장 중요한 말씀을 하실 것 같은데, 구원이 이루어졌다, 영광을 돌려라 이런 말씀이 아니라 평안을 먼저 말씀하셨다. 제자들이 얼마나 두려워하고 있었는지 아시기 때문이었을까?

예수께서 친히 그들 가운데 서서 이르시되
너희에게 평강이 있을지어다 하시니("Peace be with you")
(누가복음 24:36)

이날 곧 안식 후 첫날 저녁때에
제자들이 유대인들을 두려워하여
모인 곳의 문들을 닫았더니
예수께서 오사 가운데 서서 이르시되
너희에게 평강이 있을지어다
(요한복음 20:19)

요한복음 14장에서는 예수님이 십자가에 돌아가시고 부활하신 후엔 성령님을 보내셔서 우리에게 모든 것을 가르쳐주신다고 하시며 평안을 주시겠다고 하셨다.

평안을 너희에게 끼치노니
곧 나의 평안을 너희에게 주노라
내가 너희에게 주는 것은
세상이 주는 것과 같지 아니하니라
너희는 마음에 근심하지도 말고
두려워하지도 말라
(요한복음 14:27)

NIV 번역에서는 Peace I leave with you; my peace I give you. 주님의 평강을 주시겠다, 우리에게 남겨 주시고 가겠다고 하셨다.

주님의 평안, 우리에게 남겨 주신 그 평안, 세상이 줄 수 없는 그 평안은 어떤 것일까?

혈루증을 앓고 있던 여자가 예수님 옷에 손을 대자...
예수께서 이르시되 딸아 네 믿음이 너를 구원하였으니
평안히 가라 네 병에서 놓여 건강할지어다
(마가복음 5:24-34)

혈루증 여인을 고쳐 주신다는 이 말씀을 하실 때에도 평안히 가라는 말씀을 먼저 하셨다.

입술의 열매를 창조하는 자 여호와가 말하노라
먼 데 있는 자에게든지 가까운 데 있는 자에게든지
평강이 있을지어다 평강이 있을지어다
내가 그를 고치리라 하셨느니라
(이사야 57:19)

마더와이즈 모임의 한 선생님께서 기도하며 보내주신 말씀이다. '평강이 있을지어다' ...평강을 두 번이나 말씀하시며, 강조하시며 고치신다고 하셨다.

대학생 때 이브닝콰이어 라는 동아리 활동하며 불렀던 노래가 생각이 난다. 의대와 간호대 연합 동아리인데 금요일 저녁마다 세브란스 병원의 병동을 돌며 찬송가를 부르고, "request"가 들어오면 (환자가 요구를 하면) 병실로 들어가 찬송가 부르고 말씀 한 구절 읽고 기도하는 동아리이다.

My peace I give unto you
It's a peace that the world cannot give
It's a peace that the world cannot understand
Peace to know, peace to live
My peace I give unto you

세상이 이해할 수 없는 평안, 내가 다 깨닫지 못한 평안, 주님이 우리에게, 나에게 주신 "그 평안"을 알고, 마음에 담고, 살아가고 싶다.

그 평안으로 가득하여 "넘치는 평안"이 두 번째 〈고백〉이 된다면 얼마나 좋을까!

오른손

아침저녁으로 남편이 내 안색을 살피며 괜찮은지 조심스레 물어본다. 새로운 표적항암제 시작 후 그 부작용에 대한 걱정이 얼굴에 가득 담겨있다. 나도 부작용이 없기를 기도하고 있는데, 생각해 보니 부작용에 집중하기보다 주작용이 잘 나타나길 더 기도해야겠다는 생각이 들었다.

오늘 날기새(날마다 기막힌 새벽)에서 들은 말씀이다,

너희는 두려워하지 말아라.
내가 너희와 함께한다.
놀라지 말아라.
나는 너희 하나님이다.
내가 너희를 강하게 하고 도와주며
나의 의로운 오른손으로 붙들어 주겠다.

너희에게 분노하던 자들이 패배의 수치를 당할 것이며
너희를 대적하는 자들이 죽어 허무하게 사라질 것이니
너희가 찾아도 그들을 만나지 못할 것이다.
나는 너희 하나님 여호와이다.
내가 너희 오른손을 붙들고 두려워하지 말아라.
내가 너희를 도우리라 하지 않느냐?
(이사야 41:10-13)

자꾸 재발하는 전이 암세포가 강한 것처럼 느껴지지만 하나님 오른손의 능력 앞에선 아무것도 아니다. 그의 손 한방이면 멸망하여 찾을 수도 없게 될 수 있다. 내 하나님의 오른손으로 내 오른손을 붙들고 계시니 두려워 말자. 도와주신다고 하셨으니!

그동안 너무 암과 '동행'하는 것만 생각한 것 같다. 싸우는 '투병'이 아닌, 같이 사는 쪽으로만 생각하며 지낸 것 같다. 비록 4기 암 환자이지만 치료받으면서 할 수 있는 만큼의 일을 하며 감사하며 살면 된다는 생각을 많이 했었다. 상황과 체력의 한계로 못하는 것들이 많지만 할 수 없는 일이고 어쩔 수 없다고 생각했다. 아프리카에 가보고 싶은 마음도 접었고...

이제 생각을 좀 바꾸어 보아야 하지 않을까?

주치의와 치료를 의논하며 cure(완치)가 목표가 아니고 완화치료가 목표라면 어떻게 하는 것이 최선일지 이야기를 나눴었다. 이 내용을 남편에게 말하니 너무 싫어한다. 왜 완치를 생각하지 않느냐며 못마땅해한다.

의학적으로는 완치가 어려운 상황이겠지만, 이 새로 시작하는 표적항암제를 통해 완치되어 아프리카에도 가 볼 수 있을 거라는 생각도 새로 해보고 싶다. 탄자니아의 유치원 선생님들도 나의 완전한 회복을 위해 기도한다고 이 선교사님이 전해 주셨다. 하나님이 이 보트리엔트라는 항암제를 사용하시면 되는 것 아닐까?

열 고문

2023년. 9월 13일. 표적항암제를 먹은 지 10일째인데 갑자기 열이 났다. 이전까지는 아무 문제 없이, 변화 없이 잘 지냈었고 컨디션도 좋았는데 오후에 피곤하여 낮잠을 자고 일어나니 몸이 이상하고 38도로 열이 난다. 주치의한테 연락하니 당장 입원하라고 입원장을 내주었다. 잠깐 열나고 말겠지, 검사해서 이상 없으면 곧 퇴원하겠지 라는 생각으로 간단히 챙겨 입원하였다. 입원 후 해열제를 먹으니, 열도 떨어지고, 입원 시 시행한 검사도 특별하게 안 좋은 것은 없는 것 같다. 3일 정도 지켜본 후에 세균배양검사에서 문제없으면 주말 전에 퇴원할 수 있을 거라는 희망적인 계획을 세워 보며, 입원 첫날은 잠도 편안하게 잘 잤다.

다음날부터 열이 계속 올랐다 내리기를 반복한다. 입원 3일째부터는 열이 떨어지지 않는다. 여러 해열제가 3~4시간 간격으로 주사로 들어가도 38도와 39도 사이를 왔다 갔다 할 뿐이다.

오한과 근육통으로 끙끙 앓는 소리가 절로 난다. 더 강한 항생제들이 추가되고 열나는 원인을 찾기 위한 여러 검사를 하였다. 다시 한 피검사에서 입원 시엔 정상이었던 염증 수치가 계속 올라가고 간 기능과 여러 수치가 나빠지기 시작하였다. 혈액내과, 감염내과, 소화기내과, 류마티스내과, 내분비내과 협진이 진행되고 여러 선생님이 걱정스러운 모습으로 최악의 상황들도 이야기하고 가신다.

열 고문 같다는 생각이 들었다. 고문도 좀 쉬었다가 하지 않나? 입원 3일째부터 금, 토, 일, 3일 동안은 쉬지 않고 열이 난다. 정신이 없어 시간이 어떻게 가는 지도 모르겠다. 잠을 잘 수 없으니, 낮과 밤의 의미도 없는 것 같았다. 상태가 안 좋아지니 계속 피는 뽑아 검사해야 하고 혈소판도 떨어지고 빈혈도 오고 모든 상황이 점점 안 좋아진다.

체중이 5kg이 늘었다. 얼굴이 퉁퉁 부어 내 얼굴 같지 않다. 내 병실을 찾아온 사람이 나를 보고 '어! 이 방이 아니구나' 하며 나갈 것 같다. 설사도 자주 하니 화장실 가는 것도 고역이고 주위 점막도 헐어 피가 난다. 몸이 부어 혈관도 안보이고 채혈도 주사도 여러 번 찔러야 하고 힘들다. 폐에도 물이 차서 숨도 차고, 바로 누울 수가 없어 상체를 올린 채로 누워 시간이 가길 기다릴 뿐이다.

입원 5일째, 주일이다. 그동안 수술 받고 아프고 해도 예배를 못 드린 적은 없었던 것 같은데 온라인으로 예배를 드리는 것조차 힘들어 못 했다. 더 이상 버티기는 너무 힘들어 주치의와 스테로이드 사용에 관하여 의논하였다. 일요일인 데도 주치의가 병원으로 급히 나와 처방을 해주었다. 이번 주말에 중요하고 바쁜 일이 많은 것으로 알고 있는데 고맙고 미안했다.

스테로이드가 들어간 후 저녁이 되니 열이 내려간다. 정신이 조금 든다. 살 것 같다.

이 고열이 암세포를 다 죽였으려나?
그렇다면 열 고문이 아니라 열 치료인 거네. 아주 많이 힘들었던 열 치료.

아무도 모른다

스테로이드 주사가 들어간 이후는 열이 떨어지는 추세라 해열제 사용 빈도가 줄고 있다. 그러나 더 많이 올라간 염증 수치와, 혈소판 감소, 빈혈, 간 기능 저하로 알부민도 떨어지고 지혈 기능도 떨어지고 피부가 멍과 상처로 엉망이다.

하루 만에 또 5kg이 늘어 총 10kg이 늘었다. 어떻게 하루에 5kg씩 부을 수가 있지? 여러 분과 전문의의 협진이 진행되었지만, 원인은 모르겠다고 하신다. 나타나는 현상에 관하여 혈소판 수혈, 적혈구 수혈, 알부민 투여 등 보전적인 치료를 할 뿐이지 왜 이런 지를 모르니 근본적인 치료는 할 수가 없다. 원인을 찾기 위해 드문 경우까지 생각하여 피를 잔뜩 뽑을 뿐...

힘이 없어 일어나기 힘들다. 검사하러 이동할 때도 침대째로 간다. 매일 새롭게 나타나는 안 좋은 증상, 나빠지는 검사 결과, 설명할 수 없는 상황에 의료진 모두 걱정이 깊어진다.

보트리엔트 표적항암제 부작용으로 적혀 있던 내용들이 모두 나타난 것 같긴 하다. 내 생각에는 그 약이 강력하게 작용하여 암세포를 파괴하는 과정에서 염증반응들이 나타나고 또 강력한 열로 암세포가 죽어갔으리라.

걱정하는 주치의에게 이렇게 이야기하니 옆에 서있던 회진 따라 들어온 처음 보는 전공의가 고개를 가로저으며 황당하다는 표정을 짓는다. 보트리엔트는 가능한 한 오래, 수년간 쓰는 약인데 단 10일 만에 그리고 적은 용량 시작하여 표준 용량으로 올린 지 4일밖에 안 되었는데, 나의 주장이 말이 안 되겠지.

여러 가지로 고민하던 주치의는, 아마도 이전에 쓰던 면역항암제 키트루다가 나의 면역체개를 새롭게 바꾸어 놓았는데 이번에 표적항암제 보트리엔트를 쓰면서 무언가 알지 못하는 유발인자가 생기며 '사이토카인 폭풍'이 몰아친 것이 아닐지 그래서 스테로이드를 쓰면서 호전이 되어가는 것이 아닐지 생각한다고 하였다. 그러나 여전히 설명이 안 되는 증상들과 현상이 있으므로 추측할 뿐이라고.

정말 그렇다. 아무리 오랫동안 많은 환자를 보고 경험이 쌓이고 공부하여도 모르는 것이 너무 많다. 그리고 환자가 100명이라면 100명이 다 다르다. 비슷한 경우들이 있을 뿐. 하나님이 하나하나 다르게 작품으로 만드신 우리 몸. 하나님이 손수 지으신 오묘한 우리의 몸을 우리가 다 알지 못한다.

야이로의 딸

어제 주일 예배 말씀을 주리 순장님이 정리한 노트와 함께 영상을 보내주셨다. 어제 예배를 못 드려 목이 말랐었는데 너무 반갑고 감사했다. 브라질에서 오신 시지 삐레이라 깔데스목사님의 말씀인데 마가복음 5장 21~43절의 야이로의 딸을 살리신 내용이다.

〈고통에서 믿음으로 가는 길〉
사랑하는 딸이 죽어가는 상황에서 주님을 찾을 수밖에 없었던 야이로 회당장의 이야기이다.

예수님이 이 땅에 내려오신 이유는 환란과 고통과 역경을 단순히 없애기 위해서가 아니라 환란과 고통과 역경의 상황에서 주님을 통해서 새 생명을 얻기 위해서이다. 십자가를 통과한 환란과 고통은 생명의 열매를 맺는다. 고통 가운데 예수님께 가까이 나아가고 예수님을 통해서 새로운 삶의 의미를 확인할 수 있다. 유대교 회당장이였지만 모든 것을 내려놓고 예수님을 찾아가 무릎을 꿇고, 예수님의 능력을 믿고 자신의 형편을 드러내어 이야기하고 자기 딸을 살리실 수 있다고 믿은 야이로의 이야기이다.

예수님이 야이로의 집으로 향하시고 모든 문제를 변화시키신다. 야이로의 집에 있던 여러 사람들이 딸이 벌써 죽었다고 부정적으로 이야기한다. 예수님은 "두려워하지 말고 믿기만 하라" 말씀하신다. 우리는 하나님의 시간과 간섭을 다 알지 못한다. 인간의 경험으로 이건 안 된다고 말한다. 예수님의 한계성을 다 아는 것처럼 거짓을 말한다. 사람에게는 불가능하지만, 하나님에게는 모두 가능하다. 이해되는 것만 경험한 것만 믿는 것이 아니다.

브라질에서 부르는 찬양을 알려주셨다.
절대로 낙심하지 말라
하나님이 모든 것을 예비하신다
하나님께서 보여주신다
하나님이 날개로 너를 덮어주시리라
하나님이 너에게 모든 것을 드러내신다

하나님께서 고통 속에서 너의 모든 것을 지켜 주신다
내가 사랑으로 너를 절대로 버리지 않는다
하나님께서 너를 지키신다

사망 권세를 이기신 예수님은 내가 온 것은 생명을 주기 위함이요 풍성한 생명을 주기 위해 오셨다고 말씀하셨다. 생명이 들어오면 죽음이 쫓겨 나간다.

야이로의 딸의 손을 잡고 "달리다굼"(일어나라)라고 말하시고 딸은 일어나 앉았다. 죽음이 마지막 단어가 아니다. 인간은 죽음을 향해서 창조되지 않았다. 예수님이 계신 곳엔 생명이 있다. 우리의 간증은 예수그리스도의 죽음을 통해서 우리가 새 생명을 얻었고 그 부활로 말미암아 영생을 얻어 새로운 삶을 산다는 것이 되어야 한다.

부정적인 사람은 다 내보내시고 그곳에는 예수님을 믿는 자들만 남아있었다. 많은 사람 앞에서 경이로운 일을 드러내는 것보다 주님과의 친밀하고 개인적인 교제가 더 중요하다고 하셨다(시편 25:14)

이 시편 말씀은 지난달 8월 다시 암 재발하였을 때, 주일 예배 설교 말씀 중 '평생의 언약 기도'로 담임 목사님이 알려 주신 말씀이었다.

여호와를 섬기며 따르는 사람이 누구입니까?
주님께서 그에게 가장 좋은 길을 가르쳐 주실 것입니다.
여호와는 그 사람이 번성하고,
그의 자손들이 땅을 물려받도록 하실 것입니다.
여호와는 자기를 공경하고
두려운 마음으로 섬기는 사람들에게
자신의 생각을 알려 주시고,
자신의 언약을 가르쳐 주십니다.
(시편 25:12-14)

주님이 택할 길을 알려주시고 (Guidance)
주님의 평안을 누리게 해주시고(Peace)
자녀들이 믿음을 상속하는
축복을 주시고(Inheritance, Success)
하나님과 친밀하게 되어

그 언약을 보여주시는(Intimacy)
약속의 말씀이었다.

브라질에서 오신 목사님을 통하여 나에게 다시 해 주신 말씀…
이 고통 가운데 사람들은 부정적인 이야기를 하나,
나를 살리실 예수님을 믿고 신뢰하고
나를 지켜주시는 예수님 바라보고
고통을 넘어 새로운 삶으로
주님과 친밀함으로 말씀의 언약을 보여주시고 가르쳐주시는
삶을 사는, 축복을 약속하시는 말씀이다.

2쇄

입원 중에 편집자님이 연락하셨다. 〈고백: 넘치는 기쁨〉 책 초판의 재고가 얼마 남지 않아 2쇄 인쇄를 진행하는 것이 좋을 것 같다고 하신다. 원래 유명하지 않은 작가의 책은 거의 판매가 안 될 거라는 것을 강조하셨었는데...

초판을 보고 수정할 부분을 간단히 정리해 놓은 것이 있어 카톡으로 보내고 입원 중이어서 다시 교정하거나 검수할 처지가 못 되니 2쇄 진행을 일임해달라고 부탁드렸다. 카톡 보내는 것도 힘이 든다. 음성 지원 서비스를 발견하여 직접 치지 않아도 말로 하면 카톡 보내주는 기능을 사용해 보았다. 전화기 들고 있는 것도 힘들어 통화할 때도 내려놓고 스피커폰으로 이야기한다.

내 책을 10번 읽었다는 친구가 교정해야 할 오타를 꽤 많이 찾아내어 보내 주었다. 입원 와중에 진행된 2쇄 인쇄... 이렇게 돕는 손길들이 있어 알아서 진행되게 하시니 감사할 뿐이다.

두려워 말라

수혈을 처음 받아 보았다. 적혈구와 혈소판 수혈이 연이어 진행되었다. 혈액원에 A형 혈소판이 부족하여 당일 헌혈 받은 피로 해야 해서 수혈이 늦어질 수도 있다고 했는데, 다행히 늦지 않게 받을 수 있었다. 누구의 피였을까 잠시 상상해 보았다. 누구인지 모르지만 고마운 마음이다. 수혈을 받았는데도 다음날 혈소판이 계속 낮아 또 수혈받아야 했다. 피를 만드는 골수의 기능이 떨어져서 그런지… 계속 깨지고 있는 것인지… 원인도 모르는데 호전이 없으니 낙심이 되었다.

너는 두려워하지 말라 내가 너를 구속하였고
내가 너를 지명하여 불렀나니 너는 내 것이라
네가 물 가운데로 지날 때에 내가 너와 함께 할 것이라
강을 건널 때에 물이 너를 침몰하지 못할 것이며
네가 불 가운데로 지날 때에 타지도 아니할 것이요
불꽃이 너를 사르지도 못하리니
(이사야 43:1-2)

나를 사랑하시는 하나님이 주시는 약속의 말씀이다. 불 가운데로 지날 때 타지 않게 지켜 주신다고 하셨다. 두려워 말라고 하시는데 입원 중에 가장 두려웠던 순간은 고통스럽게 열날 때도 아니고, 여러 피검사 결과가 안 좋다는 설명을 들을 때도 아니고, 코피가 났을 때이다.

갑자기 주르륵 코피가 나고 지혈이 잘 안되자 두려움이 몰려왔다. 아직도 소아청소년과 전공의 시절 혈액 종양 파트에 입원하던 아이들 모습이 생생하다. 대부분 백혈병 환아였다. 한 번 입원하면 한 달 이상 있기 때문에, 그리고 입·퇴원을 반복하기 때문에 정이 들었고 기억이 많이 난다. 혈소판 수치가 많이 떨어지기도 하는데, 회진 돌 때 웃고 있던 아이가 돌아서는데 갑자기 출혈이 생기며 안 좋아진 기억이 떠올랐다. 눈에 보이는 피와 옛 기억들이 합쳐져서 두려웠다.

코피는 결국 잘 멈추었으나 매일 또 새로운 문제들을 넘어가야 하는 입원 생활이 쉽지 않다.
'내일은 또 어떤 일들이 일어날까요?'
'내일은 또 어떤 말씀을 하실까요?'

한 성령님

입원하게 되면서 나를 위해 뜨겁게 기도해 주신 분들이 참 많다. 나를 잘 아시는 분들이 대부분이지만, 지인을 통해 내 책을 선물 받고 읽고서 나의 상황을 알게 되어 기도해 주신 분들도 많다.

큰형님의 겨자씨 기도 모임에서도 개인적으로 나를 알지는 못하시지만 너무나도 간절하게 집중적으로 중보기도를 해 주셨다. 권사회 모임의 권사님들은 올해 새로 소그룹 조가 되었기 때문에 한 번도 못 뵌 분들이 대부분이다. 그럼에도 나를 위해 뜨겁게 기도해 주셨다.

동기 중 한 명은 카톨릭 신자인데, 기도 모임에서 내 책을 나누었고 나를 만나보지도 못한 그분들이 나의 치유를 위해 지속적으로 기도해 주셨다. 그리고 그분들이 속한 또 다른 소그룹 모임에서도, '완치되어 주님 주신 소명을 기쁘게 살아 내기를 위하여' 중보기도 해 주셨다는 이야기를 들었다. 한참 열나서 힘들 때, 그분들 중 한 분이 나에게 전해달라고 부탁하신 독서와 화답송이 있었다. 카톨릭 용어에 익숙하지 않지만, 말씀과 찬양인 것 같다.

〈제1독서〉
의인들의 영혼은 하느님의 손안에 있어 어떠한 고통도 겪지 않을 것이다. 어리석은 자들의 눈에는 의인들이 죽은 것처럼 보이고 그들의 말로가 고난으로 생각되며 우리에게서 떠나는 것이 파멸로 여겨지지만, 그들은 평화를 누리고 있다.

그분께서는 용광로 속의 금처럼 그들을 시험하시고 번제물처럼 그들을 받아들이셨다. 그분께서 그들을 찾아오실 때에 그들은 빛을 내고 그루터기들만 남은 밭의 불꽃처럼 퍼져 나갈 것이다.

주님을 신뢰하는 이들은 진리를 깨닫고 그분을 믿는 이들은 그분과 함께 사랑 속에 살 것이다.

〈화답송〉

주님이 시온을 귀양에서 풀어주실 때,
우리는 마치 꿈꾸는 듯하였네.
그때 우리 입에는 웃음이 넘치고,
우리 혀에는 환성이 가득 찼네.
그때 민족들이 말하였네,
"주님이 저들에게 큰일을 하셨구나."
주님이 우리에게 큰일을 하셨기에,
우리는 기뻐하였네.
눈물로 씨 뿌리던 사람들,
환호하며 거두리라.

그분을 만나 본 적도 없지만 나누어 주신 말씀과 찬양이 참 위로가 되었다. 성령님께서 같은 마음을 품게 하심이 참 놀라웠다. 성령님이 주신 한마음으로 기도하게 하시고 사랑하게 하심이 참 놀라웠다.

개신교, 카톨릭, 성공회 상관없이 한 성경 말씀을 믿고, 예수님을 구세주로 고백하며 십자가의 죄 사하심과 부활을 믿는다면,

다 같은 하나님의 자녀들이다. 그런데도 우리는 서로의 다른 점과 차이점을 가지고 자꾸 나누려고 하는 것이 아닐까...성령님께서는 하나 되게 하시려고 일하고 계신 데도...

개신교 내에서도 여러 교파로 나뉘어 있다. 결국은 그리스도가 머리이신 한 몸인 데도.

물론 이단은 용납하면 안 된다. 같은 성경을 믿는 것처럼 보이지만 교묘하게 바꾸어 미혹시키는, 거짓 교리를 가르치는 이단 교회도 많다. 뱀이 하와를 유혹할 때 하나님이 하신 말씀에 거짓을 살짝 보탠 것처럼.

변치 않으시고 반드시 지키시는 하나님 말씀의 능력은 지금도 살아서 역사하고, 말씀이 육신이 되어 이 땅에 오셔서 십자가에서 우리를 구원하시고 부활하신 예수님께서 보내주신 성령님은, 우리를 떠나지 않고 함께 계시며 하나님의 뜻대로 살도록 인도하시며 우리를 하나 되게 하신다. 성령님께서 우리를 서로 사랑하게 하시며 주님 뜻대로 기도하게 도우신다.

성령으로 연합하여 사이 좋게 지내도록 노력하십시오.

몸도 하나이며 성령님도 한 분이십니다.

이와 같이 여러분도 한 희망 가운데서 부르심을 받았습니다.

그리고 주님도 믿음도 세례도 하나이며

우리 모두의 아버지이신 하나님도 한 분이십니다.

(에베소서 4:3-6)

퇴원 예고

떨어졌던 혈소판 수치가 계속 오르고 있고 부었던 체중도 조금씩 빠지고 있다. 내일 퇴원 가능성이 높다. 퇴원 예고 처방이 났다. 어젯밤에도 머리가 아프고 잠을 못 자 힘들기는 하지만 퇴원이 눈앞으로 다가왔다.

오늘의 큐티 말씀
그 날에 여호와께서
아름다운 자기 포도원에 대하여
이렇게 말씀하실 것이다.
나 여호와가 계속 물을 주어 이 포도원을 보살피고
밤낮으로 지켜 아무도 해하지 못하게 하겠다.
나는 이 포도원과 같은 내 백성에게 더 이상 분노하지 않는다.
만일 찔레와 가시가 내 포도원을 괴롭히면
내가 그것을 모조리 태워 버릴 것이다.
(이사야 27:2-4)

나의 포도원 지기가 되신 하나님께서 밤낮으로 나를 간수하여 주셨다. 때때로 물을 주시며 필요한 약물과 치료가 진행되도록 보살펴 주셨다. 말씀의 생명수로 나를 붙드셨다. 이렇게 퇴원할 수 있도록 해 주셨다. 대적하던 찔레와 가시는 불살라 버리셨다. 하나님이 다 하셨다. 병실에서 어떻게 지난 2주를 지냈는지 모르겠다. 2주가 나에겐 아주 긴 하루 같았다.

그동안 기도해 주시던 많은 분께 퇴원 예고 소식을 기쁘게 알렸다. 그동안은 정신이 없고 힘들어, 보내신 카톡을 다 자세히 보지 못했다. 이제 찬찬히 보니 그동안 얼마나 간절하게 기도해 주셨는지 그 마음이 느껴지고 그분들의 믿음의 고백이 아멘으로 다가온다. 많은 분의 믿음의 기도가 나를 살렸다.

갈비

목요일부터는 긴 연휴가 시작되기 때문에 수요일에는 꼭 퇴원하고 싶었다.

이젠 주사로 들어가던 TPN(총정맥영양)도 그만하고, 잘 먹어서 퇴원할 컨디션을 만들고 싶었다. 스테로이드 덕분인지 밥맛이 좋아 잘 먹을 수 있을 것 같았다. 표적항암제의 부작용에 입맛이 변하여 매운 것을 먹지는 못하는데, 병원 밥에 나온 김치를 무심코 먹었다가 입이 아프고 얼얼하여 깜짝 놀라 바로 뱉어낸 후로는 고춧가루가 들어간 음식이나 매운 음식은 모두 빼고 먹고 있다.

빈혈이 있으니, 철분이 많은 단백질 음식을 먹으면 좋을 것 같은데, 갈비가 먹고 싶어졌다. 어머니는 눈이 안 보이시기 때문에 만들어 달라고 말씀드리기 죄송하고, 남편이 근처 슈퍼에서 구입할 수 있는지 돌아다녀 보았지만 못 찾았다. 대안으로 배달 음식으로 갈비 도시락을 3일 동안 여기저기서 시켜보았는데 너무 짜고 자극적인 맛이어서 많이 먹지를 못했다. 퇴원 전날, 더 이상 갈비는 포기하고 병원 저녁밥을 기다리고 있는데 병동 팀장님이 갈비찜을 들고 오셨다. 나를 주시려고 만들어 오셨으나 혹시라도 잘 못 먹는데 부담이 될까 조심스러워 망설이다가 가져왔다고 하신다.

갈비를 찾아 헤매던 남편이 더 감동했다.
'갈비 먹고 싶다고 그렇게 노래를 부르더니, 진짜로 갈비를 가져다주셨네!'

내가 싫어하는 대추 하나만 빼고 싹싹 먹었다. 짜지 않고 자극 없는 집밥의 맛. 나를 생각해 주셔서 이렇게 챙겨 주시는 팀장님께도 감사하고, 나를 너무 사랑하시는 하나님이 나에게 먹고 싶은 갈비까지 팀장님을 통해 가져다주시는 그 세심함이 너무 놀랍고 감사하다. 퇴원 전날의 마지막 만찬은 맛있는 갈비였다.

라떼는 말이야

내가 근무하는 병원에 입원하고 있다 보니 괜히 더 조심스러워지는 것도 있고, 또 '잔소리'를 하게 되어 미안한 것도 있다.

'피를 뽑을 때 따로 뽑지 말고 같은 튜브에 담아 채혈량을 좀 줄였으면 좋겠다... 수액 라인에 공기가 있는데 빼 달라... 약이 좀 빨리 들어가면 안 되냐...'

내과 병동에 입원해 보니 내가 전공한 신생아는 어른을 보는 내과와는 아주 다르다. 아기들은 어른과는 달리 몇 시간 만에도 금방 나빠지고 변화가 심하기 때문에 안 좋은 증상이 있거나 비정상인 피검사 결과가 있으면 훨씬 더 자주 확인해야 한다. 조금만 채혈해도 몸무게가 작은 아기에게는 상당한 양이 되기 때문에 총 몇 ml를 채혈했는지를 기록해 놓고 어떻게든 채혈량을 줄이려고 애쓴다. 그리고 아기는 말을 못 하므로 자꾸 가서 보고 진찰하고 변화를 확인하는 것이 중요하다.

내가 소아청소년과 레지던트(전공의) 수련을 할 때는 중환이 있으면 해줄 것이 없어도 옆에 붙어서 밤새 손만 잡고 있기만 해도 좋아진다고 배웠다. 새로운 처방을 해주는 것이 아니어도 옆에서 지키다 보면 아기의 미세한 변화를 알아챌 수 있다. 가래가 자주 차면 석션(흡입)이라도 해주고, 옆으로 누웠을 때가 산소 포화도가 잘 나오면 양옆으로 주로 눕도록 해주고, 너무 보채면 왜 그럴지 고민하고, 보통은 8시간마다 소변량을 확인하지만, 그전에 줄어가고 있는지 늘어가고 있는지 파악하여 수액량을 미리 조절해 주고... 그렇게 옆에 붙어있다 보면 정말로 좋아지기도 했다.

레지던트(resident)라는 뜻은 거주자라는 뜻으로 병원에 살고 있는 사람으로 알고 있다. 지금은 전공의법이 생겨서 주 80시간 이상은 병원에 근무하면 안 되도록 되어있으나, 라떼는 정말로 병원에 살고 있는 사람들이었다. 한 달 동안 집에 못 가는 벌 당직도 있었고, 새로 파트가 바뀔 때는 환자 파악을 하는 1주일간 오프 없이 병원에서 당직 서며 사는 것을 당연하다고 생각했던 시절이었다. (물론 전공의의 수련환경과 처우는 개선되어야 한다고 생각한다). 오프 이어도 밀린 차트를 쓰거나 하며 병원에 남아있는 경우도 많고, 오프인 동기들과 병원 근처에서 저녁을 먹고 있다 보면 당직 동기가 삐삐를 친다. 환자가 나빠지면 다른 파트를 맡고 있는 자신보다 환자를 잘 알고 있는 담당 레지던트에게 연락하여 어떻게 하면 좋을지 상의한다. 그러면 당연히 병원에 들어가 내 환자를 보고 또 변화가 있으면 깨우라고 부탁하고 병원에서 잔다. 당직이 미안해서 안 깨우면 내 환자인데 왜 안 깨웠냐고 안타까워하고...

계속 당직 서고 일하다 보면 몸에 한계가 오는데 그때도 동기들이 서로 돕는다. 삐삐를 받아 줄 테니 눈 좀 붙이라고 하며 빼앗아 가 버리면, 검사실 의자를 길게 붙여 놓고 잠시 자고 난다. 그렇게 누군가는 병원에서 살며 환자를 지켰다. 그리고 내가 파악한 환자를 교수님 회진 돌 때 보고하여 최선의 치료가 결정되도록 하는 것이 레지던트의 임무라고 생각했었다.

이제는 소아청소년과 레지던트가 병원에 없다. 전국적으로 아무도 소아청소년과를 전공하려고 하지 않는다. 지원자가 0명인 병원도 많다. 우리 병원에도 원래 8명의 전공의가 파견 나왔었는데 지금은 한 명이 나온다. 내년에는 한 명도 없을 것 같다.

누군가는 환자를 지켜야 하는데… 앞으로 우리나라 소아 환자들은 어떡하지? 환자가 된 입장으로서, 전공의의 처방과 설명을 기다리는 입장이 되니 더 걱정된다.

내과 전공의도 아침저녁으로 잘 챙겨주려고 노력했지만, 당직 체계로 돌아가다 보니 너무 바쁘고 자주 바뀐다. 환자 파악을 할 겨를이 없을 것 같다는 생각이 든다. 이제는 이 역할을 교수, 전문의가 해야 하는데 외래진료와 수술, 연구, 학회 일등을 같이 하기가 참 힘들 것 같다.

소아청소년과는 어쩔 수 없이 레지던트가 섰던 밤 당직을 교수, 전문의가 서가며 환자를 지키고는 있지만 언제까지 견딜지 모르겠다. 젊었던 레지던트 시절의 당직에 비해 나이가 든 전문의가 서는 당직은 더 힘들다. 국가적 차원에서 획기적인 정책이나 지원이 나오지 않는 한 소아청소년과가 붕괴되어가고 있는 것을 지켜보고 있어야 하는 현 상황이 안타깝다. 지금의 뒤틀린 의료정책이 지속된다면 소아청소년과는 점점 사라질 것 같다.

소아청소년과를 지원하지 않는다고 의대생을 탓할 수도 없다. 누구든 당연히 더 편하고 안전하고 경제적으로도 더 풍요로운 과를 지원하지 않겠는가? 요즘엔 전공도 선택 안 하고 미용 쪽으로 바로 취직하는 경우도 있다고 들었다. 내외산소(내과, 외과, 산부인과, 소아청소년과)로 불리는 생명이 왔다 갔다 할 수 있는 메이저 과(필수과)에서는 최선을 다한 경우라도 환자가 안 좋아지는 경우도 많다. 고생하며 환자 옆을 지켜도 문제가 생기고 법적인 다툼이 생기는 위험을 안고 있는 과이다. 무죄로 판결 난 몇 년 전의 소아청소년과 의사 구속 사건은 큰 충격이었다. 그 여파가 너무 안타깝다. 의대가 인기 있으니 뽑을 때 과를 정하자는 말도 나오는 것 같다. 민주주의 국가에서 과를 선택하고 바꿀 자유를 없앨 수도 없고, 소아청소년과 전문의가 된다고 해도 소아 환자를 안 보고 관심 있는 새로운 분야의 환자를 얼마든지 볼 수 있다. 무엇보다 소아 환자를 보려면 적성에 맞아야 한다. 레지던트 수련 받던 중간에 그만두고 다른 과로 바꾸는 경우도 종종 있다. 자신에게 맞지 않는 과를 억지로 수련하는 것은 개인적으로도, 환자를 위해서도 최악이다. 학생 때 실습을 돌고, 인턴 수련을 하면서 여러 과를 접해보고 자신에게 맞는 전공 진로를 찾아가는 것이 필요하다.

입원 중 심박동 수가 떨어지고 부정맥이 생겨서 심전도를 몇 번 찍었다. 입원 환자의 심전도검사는 인턴의 일이다. 퇴원하는 날, 팔에 잡았던 중심정맥관을 빼고 드레싱을 해주던 인턴이 자신이 전에 심전도 찍었던 인턴이라고 말하며, 그때는 부정맥이 1도 방실 차단이라고 생각했는데 다시 자세히 보니 2도 방실 차단 모비츠 타입 1 이였다고 말했다. 바쁜 인턴은 단순히 심전도만 찍고 끝낼 수도 있는데 환자에게 관심을 가지고 확인하는 태도가 훌륭해 보였다. 이런 의사가 소아청소년과를 전공하면 참 좋겠다는 생각이 들어 무슨 과를 선택할 것인지 물어보았다. 확신에 찬 목소리로 내과를 전공할 것이라고 말한다. 메이저 과를 한다니 다행이다. 환자를 열심히 보는 좋은 내과 선생님이 될 것 같다.

집으로

2023년 9월 27일. 2주간의 입원 치료를 마치고 퇴원했다. 내일부터는 추석 연휴와 개천절이 있어 1주간의 긴 휴일이 지속된다. 아직 주사로 스테로이드가 들어가고 있었지만, 컨디션이 호전이 되어 가므로, 오늘부터 용량을 줄이고 먹는 스테로이드로 바꾸어 퇴원하기로 하였다.

퇴원 전에 알부민도 마지막으로 더 맞고, 물리치료사의 교육도 받았다. 2주간 누워 있었더니 다리근육이 위축되어 힘이 빠져서 혼자서는 앉았다가 일어날 수가 없다. 열심히 적어 가며 집에서 할 수 있는 물리치료 운동을 배웠다.

집이 병원 바로 앞이어서 금방 왔는데, 차에서 내려 조금 걸었다고 너무 힘이 없어 오자마자 소파에 기대어 1시간 정도 잤다. 자고 나니 열이 나고 몸이 너무 힘들었다. 열을 재보니 37.5도, 경계선이다. 학교에서 막 돌아온 둘째 아들이 내 얼굴이 벌겋다고 한다.

2주 전 입원했을 때의 데자뷔이다. 그때도 이 시간대쯤 자고 일어나니 열나고 힘들어서 입원했던 건데... 도돌이표가 되는 건 아니겠지?

집이 더워서 그런 걸 거라고 애써 부정해 보며 해열제를 얼른 먹었다. 아이스팩을 머리에 대고 아들이 챙겨준 저녁을 먹으며 1분 간격으로 열을 쟀다.
'떨어져라.., 떨어져라...'

퇴근해서 돌아온 남편도 열나는 것은 아닐 거라며 상황을 부정한다. 우리 모두 더 이상 안 좋은 상황은 받아들이기가 버거운 것 같다. 2주간 병간호하며 고생했던 남편은 번아웃이 되어 방에서 기절해 버렸다.

나는 똑바로 누울 수가 없으니, 소파에서 쿠션으로 상체를 올리고 자기로 했다. 몸이 점점 힘들어지고 숨이 더 가빠온다. 근육통이 너무 심해져서 다시 끙끙 앓는 소리가 난다. 밤새 둘째 아들이 혈압 재고 열 재고 아이스 백 갈아주느라 잠을 못 잤다. 밤새 못 자고 끙끙거리며 원인을 생각해 보았다.

'2차 감염이 된 것일까?
오늘 스테로이드를 반으로 줄여 맞았는데 그 탓일까?
너무 빨리 퇴원하겠다고 했나...'

새벽에 견디다 못해 퇴원 약으로 받은 스테로이드를 미리 먹었다. 그리고 아침에도 남은 스테로이드 약을 모두 털어먹었다. 이렇게 하면 스테로이드 용량을 다시 이전대로 올린 건데, 끙끙거리는 증상이 좀 덜 해지긴 했으나 여전히 근육이 아프고 힘이 없고 숨이 차다. 오늘부터 연휴인데 응급실로 가야 하나 고민하다가 일단은 다 먹은 스테로이드 약만이라도 더 처방받아 오기로 했다.

오전과 오후 내내 힘들어 누워만 있었는데 저녁때쯤 되니 조금 힘이 나서 서 있을 수가 있었다. 먹는 약으로 바꾸면서 효과가 늦게 나타나는 것이라는 내분비내과 전문의의 설명을 들으니, 이해가 간다. 스테로이드 금단 증상이 나타난 것이다. 다시 스테로이드 용량을 올리고 유지하다가 천천히 줄여 나가는 것으로 조언을 받았다. 정 힘들면 응급실 가서 효과 빠른 주사로 맞으라고 하는데, 병원은 다시 가기 싫다.

밤에 포항에 있던 큰아들이 집에 왔다. 탈진한 남편을 대신하여 1주일의 연휴 기간동안 나를 전담하기로 했다. 나 포함해서 우리 집사람들 중 제일 요리를 잘한다. 이제 먹는 걱정은 덜었다.

다음 날, 서 있을 수 있는 힘이 생겨 2주 만에 샤워했다. 머리카락이 한 움큼 빠진다.

몇 개나 빠졌는지 하나님 다 세고 계시지요?

하나님은 너희 머리카락도 다 세고 계신다.
그러므로 두려워하지 말아라…
(마태복음 10:30-31)

잠

학생 때 잠순이라고 불릴 만큼 항상 잠을 잘 자고 많이 잤다. 나이가 들어 아침잠이 좀 없어지기는 했지만 그래도 평소 7시간 정도는 푹 자는 편이었다. 2주간 입원 중에는 첫날만 잘 자고 그다음부터는 제대로 잘 수 있는 날이 없었다. 열이 날 때는 거의 못 잤고, 열이 떨어진 후에도 2시간 간격으로 자다 깨기를 반복하며 이뇨제 때문에 설치고, 설사로 설치고, 숨차서 똑바로 누울 수 없어 설치고... 퇴원해서도 잠을 거의 못 잤기 때문에 이렇게 못 자면 회복이 잘 안 될 것 같아 걱정되었다.

퇴원 후 부기가 점점 빠지며 똑바로 누울 수 있게 되었다. 폐에 찼던 물도 다 빠졌는지 숨쉬기가 편해지고 기침도 안 나온다. 이제는 내 침대에 누워 잘 수 있게 되었다.

내 침대에 누우면 잠이 잘 올 줄 알았는데 잠들기가 힘들다. 몸은 피곤하고 힘든데, 정신이 각성되어 잠이 오질 않는다. 근육통 때문인가 해서 진통제를 먹어봐도 소용이 없다. 스테로이드의 부작용 중에 불면증이 있다고 기억하는데 이렇게 각성 상태가 심하게 지속되는지는 몰랐다.

'하나님께서 사랑하시는 자에게 잠을 주신다고 했잖아요... 잠을 자게 해주세요' 기도하며 눈을 아무리 감고 있어도 눈 떠 보면 몇십분이 지났을 뿐, 이러다 밤새 뒤척이다 끝날 것 같다. 새벽이 되어도 각성 상태가 지속되는데, 머릿속에 생소한 이름이 반복되어 생각이 났다.

'사드라메삭, 아벳누고... 사드라메삭, 아벳누고'
'꿈을 꾸는 건가? 아닌데, 깨어있는데... 누구지?
처음 듣는 이름인 것 같기도 하고, 성경에 나오는 인물인 것 같은데... 모르겠다, 하나님 잠 좀 자게 해주세요...'

또 사드라메삭, 아벳누고... 사드라메삭, 아벳누고, 계속 머릿속을 울린다.
'아벳누고 가 누구지? 내가 모르는 성경의 인물이면 좋은 사람은 아닌 것 같은데, 악인으로 등장하는 사람인가?'
부끄럽지만 성경을 많이 읽지 못해서 성경 지식이 부족하다.

'왜 자꾸 생각이 나지? 하나님이 말씀하시는 건가? 일단 잠자고 아침에 생각하면 안 될까요?'

또 반복되는 사드라메삭, 아벳누고… 사드라메삭, 아벳누고
새벽 내내 이 이름 때문에 괴로울 것 같았다.

'성경에 등장하는 악인이라면 하나님이 회개하라고 하시는 걸 텐데… 악인이 누가 있더라… 사도행전에 성령을 속이고 벌받은 부부가 있었는데 이름에 아자가 들어가지 않았나? 내가 하나님을 속이진 않은 것 같은데… 혹시 깨닫지 못한 잘못이 있다면 알려주시고 용서해 주세요… 회개했으니, 기도 들어주시고 이제 잠 좀 자게 해주세요…'

또 사드라메삭, 아벳누고… 사드라메삭, 아벳누고
마치 누가 내 머리에 소리를 지르는 것 같이 이 이름이 반복되어서 들린다.

잠을 포기하고, 항복(?)하고, 새벽 4시에 결국 침대에서 일어나 거실로 나와 성경을 검색했다.

먼저 사도행전을 읽어보니 벌받은 부부의 이름은 삽비라와 아나니아였다. '사'로 시작하고 '아' 자로 시작하는 것은 비슷한데 다행히 그 부부사기단은 아니다. 앞사람 이름은 정확하게 모르겠고 '아벳누고'라는 이름이 강력하게 남는데, 성경 단어 검색을 해봐도 나오지 않는다.

'뭐야... 밤새 헛소리를 들은 건가?'
이번엔 네이버에 검색을 해보았다. '아벳누고가 아니라, 아벳느고로 검색한 결과입니다.'라고 나온다. 유다 왕국이 바벨론에 멸망한 후 포로로 끌려갔던 다니엘의 세 친구(사드락, 메삭, 아벳느고)라고 나온다.

'아... 일단 악인은 아니네, 그리고 두 사람이 아니고 사드락과 메삭과 아벳느고였네.' 그러고 보니 몇 년 전 다락방에서 다니엘서 공부할 때 들었던 이름인 것 같기도 하다. 성경 단어 검색에 다시 '아벳느고'를 치니 다니엘서 3장이 나온다.

'밤새 이 말씀을 하려고 하신 거구나!'

풀무불

다니엘 3장 말씀이다.

느부갓네살 왕이 물었습니다. "사드락, 메삭, 아벳느고야, 너희가 참으로 내 신들을 섬기지 않고 내가 세운 황금 신상에 절하지 않았느냐?

지금이라도 준비하고 있다가 나팔과 피리와 수금과 삼현금과 양금과 생황과 온갖 악기 소리가 들려 오면 엎드려 내가 세운 신상에 절하여라. 그러나 절하지 않는다면 즉시 너희를 불타는 용광로(풀무불) 속으로 던져 넣겠다. 어느 신이 너희를 내 손에서 구해낼 수 있겠느냐?"

사드락과 메삭과 아벳느고가 왕에게 대답했습니다. "느부갓네살 왕이시여, 이 일에 대해서는 우리가 왕께 답할 필요가 없습니다. 만약 우리가 용광로 속에 던져진다 하더라도, 우리가 섬기는 하나님께서 우리를 불타는 용광로와 왕의 손에서 구해내실 것입니다.

왕이시여, 하나님께서 우리를 구해 주지 않으셔도 우리는 왕의 신들을 섬기지 않을 것이며, 왕이 세운 황금 신상에도 절하지 않을 것이니 그리 알아 주십시오."

느부갓네살 왕은 사드락과 메삭과 아벳느고에게 잔뜩 화가 나서 얼굴빛마저 달라졌습니다. 그리고 용광로를 보통 때보다 일곱 배나 더 뜨겁게 하라고 명령했습니다. 그리고 군대에서 힘센 용사 몇 사람에게 사드락과 메삭과 아벳느고를 묶어 불타는 용광로 속으로 던져 넣도록 명령하였습니다. 그러자 용사들은 그들을 옷을 입은 채로 묶어서 불타는 용광로 속에 던져 넣었습니다. 그만큼 왕이 화가 난 것입니다. 용광로는 매우 뜨거워서 사드락과 메삭과 아벳느고를 붙잡고 있던 힘센 용사들이 불길에 타 죽었습니다. 사드락과 메삭과 아벳느고 세 사람은 단단히 묶인 채 불타는 용광로 속으로 던져졌습니다.

그 때, 느부갓네살 왕이 깜짝 놀라 급히 자리에서 일어나면서 보좌관들에게 물었습니다. "우리가 묶어서 용광로 불 속에 던져 넣은 사람이 세 사람이 아니더냐?" 그들이 대답했습니다. "그렇습니다."

왕이 말했습니다. "보아라! 내가 보기에는 네 사람이다. 모두 결박이 풀린 채로 불 가운데로 다니고 있으며 아무런 상처도 없다. 더욱이 네 번째 사람의 모습은 신의 아들과 같구나!"

느부갓네살 왕이 불타는 용광로 입구로 다가가서 외쳤습니다. "지극히 높으신 하나님의 종 사드락과 메삭과 아벳느고야, 이리로 나오너라!" 그러자 사드락과 메삭과 아벳느고가 불 가운데서 나왔습니다.

지방장관들과 총독들과 왕의 고문들이 모여서 이들을 보았는데, 옷이 타지도 않았고 머리털도 그을리지 않았으며, 그들에게서 불에 탄 냄새조차 나지 않았습니다.

느부갓네살 왕이 말했습니다. "사드락과 메삭과 아벳느고의 하나님을 찬양하여라. 그는 천사를 보내어 그를 믿고 따르는 종들을 구하셨다. 이들은 왕의 명령을 무시하고 자신의 몸을 바쳐서까지 저희의 하나님이 아닌 다른 신들을 섬기거나 절하지 않았다.

그러므로 이제 내가 조서를 내린다. 모든 백성이나 나라나 민족들 중에 사드락과 메삭과 아벳느고의 하나님에 대하여 함부로 말하는 사람은 그 몸이 찢길 것이며, 그들의 집은 쓰레기 더미가 될 것이다. 이런 방법으로 구원할 수 있는 신은 어디에도 없다."
(다니엘 3:14-29)

지난 2주간 심한 열 가운데...
풀무불(불타는 용광로) 가운데서 나를 살려주신 하나님.
나를 붙들고 있던 암세포는 타 죽었을지라도 나는 타지 않도록 주님이 함께하셨다.

나 혼자가 아니었다... 주님이 함께 불 가운데 계셔 주셨고 상하지 않도록 지켜 주셨다.

하나님만이 오직 구원자 되심을 다른 모든 사람이 볼 수 있기를, 구원자가 되신 하나님을 찬송하게 되기를 기도한다. 지극히 높으신 하나님을 증거하는 자가 되기를 기도한다.

첫 외출

스테로이드 용량을 다시 올리니 덜 힘들다. 어제는 걷는 연습을 집 앞에서 했는데 평지를 천천히 걷는 것은 문제없을 것 같다. 아직 근육 힘이 없어 층계는 조심해야 한다. 아무 생각 없이 층계를 내려가려다가, 다리에 힘이 없어 굴러떨어질 뻔하였다. 아들의 팔을 꼭 붙들고 있었기 망정이지 뼈 골절로 응급실로 갈 뻔했다.

오늘은 주일이다. 입원했던 2주간은 예배를 제대로 드릴 수가 없었다. 첫 주일은 열 때문에 너무 아파서, 둘째 주일은 온라인 예배를 드리기는 했는데 중간에 혈압 재고, 약물 투여하고... 하느라 집중이 잘 안되었다. 아침에 일어나 사랑의 교회 1부 예배를 온라인으로 드렸다. 전에는 우리 교회 예배 시간이 좀 길다고 생각하곤 했는데 마음이 간절하니 그런 생각이 안 든다. 찬송가를 부르는데 가사가 마음에 콕콕 박힌다. 전에는 아무 생각 없이 매주 부르던 헌금 준비 찬송도 왜 이렇게 은혜가 되는지...

나의 생명 드리니 주여 받아 주셔서
세상 살아 갈 동안 찬송하게 하소서

나의 보화 드리니 주여 받아 주셔서
하늘나라 위하여 주 뜻대로 쓰소서
(찬송가 213장)

오늘은 온 가족이 함께 걸어가서 일산동안교회에서 11시 예배를 드리기로 했다. 어머니도 교회에서 만나 같이 예배드렸다. 첫 외출을 교회로 가게 되어 기쁘다. 옆 사람의 팔을 잡고 의지해서 걷긴 하지만 이렇게 회복하여 걸어갈 수 있다니 감사하다.

예배 중 교독문 시편 136편을 소리 내어 읽는데 목이 멘다.

여호와께 감사하라
그는 선하시며 그 인자하심이 영원함이로다
홀로 큰 기이한 일들을 행하시는 이에게 감사하라
그 인자하심이 영원함이로다

예배 찬송 중에 찬송가 447장이 있었다. 조금 전 사랑의 교회 예배 때도 은혜받으며 눈물이 나왔던 같은 찬송이다. 하나님은 성경에 중요한 말씀은 두 번씩 반복하며 말씀하셨다. 오늘 나에게 주시는 찬양인가 보다.

이 세상 끝 날까지 주 섬겨 살리니
내 친구 되신 주여 늘 함께하소서
주 나와 함께 하면 전쟁도 겁 없고
주 나를 인도하면 늘 안심하리라

나 주를 따를 때에 주 약속하신 것
그 영광중에 모두 이루어주소서
나 주의 뒤를 따라 섬기며 살리니
그 크신 은혜 속에 날 인도하소서

이 세상 온갖 시험 내 맘을 흔들고
저 약한 원수들이 안팎에 있으나
주 나를 돌보시사 내 방패 되시고
내 옆에 계신 것을 늘 알게 하소서

저 영광 빛난 곳을 주 허락했으니
그 허락하신 곳을 늘 사모합니다.
끝까지 쉬지 않고 주 따라 가리니
주 넓은 사랑으로 늘 인도하소서
아멘

주님이 내 친구 되신다니,
그렇게 친밀하게 늘 함께하신다니 참 좋다.

기이하고 가장 기이한 일(Wonder upon wonder)

주께서 말씀하셨다.
"이 백성이 그 입으로는 나를 존경한다고 말하지만,
그 마음은 내게서 멀리 떨어져 있다.
그들이 나를 경배한다고 하지만,
그것은 사람들이 해 오던 대로 형식적으로 하는 것일 뿐이다.
그러므로 보아라,
내가 놀랍고 신기한 일로 이 백성을 다시 놀라게 하겠다.
(이사야 29:13-14)

하나님은 우리를 너무 사랑하시는 데, 우리의 마음은 자꾸만 세상을 향하고 다른 것을 더 사랑하고 있다. 주님을 위해 이것저것 한다고는 하지만 사람들의 관습을 따르고 있는 것은 아닌지, 우리 마음이 어디에 가 있는지 묻고 계신다. 이런 우리의 모습이 안타깝고 마음 아프신 하나님은 우리를 포기 못 하시고 기이하고 가장 기이한 일을 행하신다.

NIV번역에는 기이한 일이 Wonder upon wonder라고 표현되어있다. 원더풀(wonderful)이라는 형용사를 멋지다는 뜻으로 가볍게 자주 쓰기도 하는데, 사전에는 '경이로운, 놀랍고 신기한, 불가사의한' 등으로 풀이되어 있다.

그 날이 오면, 듣지 못하는 사람이 책 읽는 소리를 듣고,
어둠과 짙은 그늘 속에 있는 눈이 안 보이는 사람이 앞을 보게 될 것이다.

…그 때에 무자비한 사람은 사라지며,
하나님을 두려워하지 않는 사람도 없어지고,
악한 일을 즐겨하는 사람도 사라질 것이다.
그들은 내 손으로 지은 그들의 모든 자녀를 보고,
내 이름을 거룩하게 여길 것이다.
이스라엘의 거룩하신 분을 두려움으로 섬길 것이다.

잘못을 저지른 사람이 뉘우치고 돌아오며,
불평하던 사람이 가르침을 받아들일 것이다."
(이사야 29:18-24)

주님은 못 듣던 사람이 책 읽는 소리를 듣고, 못 보던 사람이 볼 수 있게 회복하신다. 누가복음 4장에서 예수님께서는 회당에서 책을 펴시고 이사야의 글을 인용하시며 포로 된 자에게 자유, 눈먼 자에게 다시 보게 함을 전파하며, 눌린 자를 자유롭게 하신다는 언약의 말씀이 성취되어 자신이 오셨음을 말씀하셨다.

멀리 떠난 우리를 버려두지 않고, 말씀을 듣게 하시고 주님을 보게 하시며 끝까지 회복시키시는 기이하고 가장 기이한 하나님! 원더풀(wonderful) 하나님!

욥기에서도 욥은 마지막 장에서 원더풀 하나님을 고백하고 있다. 주님이 하시는 일은 너무나 신기한 일들임(things too wonderful for me to know)을 고백하고 있다. 주님은 정말로 너무 신기한 일을 하시는 기이한 하나님이시기 때문에 우리는 정말로 다 알지 못한다. 빙산의 일각만 우리 눈에 보이기 때문에, 눈에 보이지 않는 아래의 신기한 일들의 광활한 신비를 다 깨닫지 못한다. '주님, 다 알지도 못하면서 아는체하지 않고, 주님의 뜻 앞에, 그 기이함 앞에 가만히 주님만 높이길 원합니다.'

주님께서는 못하시는 일이 없으시다는 것을,
이제 저는 알았습니다.
주님의 계획은 어김없이 이루어진다는 것도,
저는 깨달았습니다.

잘 알지도 못하면서,
감히 주님의 뜻을 흐려 놓으려 한 자가 바로 저입니다.
깨닫지도 못하면서, 함부로 말을 하였습니다.
제가 알기에는,
너무나 신기한 일들이었습니다.
(욥기 42:2-3)

밍맹몽

대학 때는 친한 친구 2명과 함께 3명이 주로 같이 다녔다. 같은 동아리 활동하고, 같이 공부하며 밤새고, 같이 여행도 가고... 왜 인지 그 이유는 지금도 모르겠지만, 같은 반 동기들이 우리들을 '밍맹몽'이라고 불렀다.

내 개인적인 생각이지만 아마도 쉬크(chic)한 친구가 '밍'
귀엽고 통통 튀는 친구가 '몽'
그리고 나는 맹함을 담당하는 '맹'이라고 생각한다.

학생 때는 몰려다니며 같이 지냈지만, 졸업 후 전공의 수련을 받고 각자의 가정에서 아이들을 키우고 바빠지면서는 거의 만나지 못했다. 연락도 거의 못 하고 살았다. 내가 첫 수술을 받을 때도 정신없어 미리 알리지도 못했고 수술 후에 우연히 소식을 알렸을 뿐이다.

그 이후 몇 번의 수술을 거친 덕분에 서로 연락하고 만나려고 노력하면서 단톡방이 생겼다. 암 재발하면서부터는 단톡방에서 이런저런 솔직한 이야기들을 편하게 나누는 경우가 더 많아진 것 같다. 힘들다는 이야기도, 울었다는 이야기도, 삐졌다는 이야기도... ^^

오랜 시간이 지났어도 오랫동안 쌓아온 친밀감이 있어서 그리고 서로를 잘 알기 때문에 편할 수 있는 것 같다. 무엇보다 20대부터 주님 안에서 같은 신앙을 가지고 살았던 친구들인데 40년이란 시간이 지나가도록 여전히 주님 안에서 신앙의 길을 가고 있음이 감사하다. 여러 우여곡절도 있었지만 그래도 주님이 신실하게 우리를 지켜 주셔서 여전히 주님 안에서 살고 있음이 얼마나 놀라운가.

그리고 아직도 밍이는 쉬크하고, 몽이는 귀엽고 통통 튀고, 나도 여전히...

노심초사

퇴원 후 1주일이 지났다. 일주일간의 긴 연휴도 지났다. 밥하고 설거지하고 이것저것 챙겨주느라 수고한 큰아들도 다시 학교로 돌아갔다. 이렇게 긴 연휴가 드문데, 퇴원 일자에 딱 맞추어 마치 천사를 보내어 나를 돌보신 것처럼 느껴진다.

이제는 다시 스테로이드를 조금씩 줄이고 있어서 하루에도 몇 번씩 열 재고, 혈압 재고, 혹시라도 다시 증상이 심해지지 않을지 신경이 쓰인다. 원래 내 체온은 36도 대였고 37도를 넘은 적이 없었는데, 지금은 평균적으로 37.1과 37.4 사이를 왔다 갔다 하니 혹시라도 더 오를지 노심초사하는 것도 있다. 퇴원날의 악몽이 꽤 충격적이었던 것 같다.

내분비를 전공한 한 동기가 걱정하는 나에게 옛날이야기를 해준다. 옛날에는 인간의 체온이 36.5도가 아니라 더 높았었다는 이야기가 있다고, 37.4도면 괜찮은 거라고 걱정하지 말라고 한다. 하긴 신생아의 정상 체온은 어른보다 높아 36.5~37.5도까지이다. 난 신생아는 아니지만 옛날 옛적 몇백 년씩 살았던 구약 시절에는 정말로 더 높았을지도, 그리고 약간 높게 유지되는 것이 정말로 더 좋은 것일지도 모르겠다.

연휴가 끝나 병원에 가서 피검사를 했다. 피검사가 정상이 안 된 채로 퇴원했기 때문에 검사 결과가 기대되었다. 이젠 천천히 혼자서도 걸을 수 있다. 대학생 때 배웠던 찬양이 생각나 부르며 걸어갔다 왔다.

주 찬양합니다 내 마음을 다해
주가하신 놀라운 일들을 세상에 모두 전하리라
주 찬양합니다 내 마음을 다해
내가 주를 기뻐하며 찬양해 할렐루야
지극히 높으신 이름 찬양해 할렐루야

찾아보니 이 찬양은 시편 136편으로 만들어진 찬양이라고 한다. 신기하게도 지난 주일 읽었던 교독문 말씀이다. 시편 136편은 '여호와께 감사하라 그는 선하시며 그 인자하심이 영원함이로다'가 반복되는 시이다. NIV번역은 영원한 인자하심을

"His love endures forever"(그 사랑이 영원히 지속되다)로 쓰고 있다. 우리를 포기하지 않으시고 영원히 끝까지 사랑하시는 하나님이시다.

오후에 확인해 보니 검사는 대부분 정상으로 나왔다. 전해질 수치만 이상이 있었다. 전해질 이상에 대한 또 새로운 걱정거리가 생겼다.

'스테로이드를 줄이면서 생긴 부신 호르몬 부족 증상인가? 또 너무 빨리 약을 줄였나? 칼륨이 많은 과일을 너무 많이 먹었나? 저염식 한다고 너무 소금을 안 먹었을까?'

찬양이 쏙 들어가고 다시 노심초사 모드로 바뀌었다. 나는 "endure"(지속되다, 오래가다)가 안되는구나... 하나님의 사랑은 내가 어떤 모습이든지, 어떻게 바뀌든지 영원히 지속되고 오래가는데, 나는 눈앞에 상황이 바뀌면 주님 신뢰하고 찬양하는 것을 지속하지 못하는구나... 이런 나를 계속 끝까지 사랑하신다니... 그 인자하심이 영원함이로다.
"His love endures forever"

5일간의 선물

동경에 가서 5일간 지내다 왔다.

몇 개월 전에 예약했던 학회 일정인데 취소하지 않고 다녀왔다. 면역항암 치료 중에 계획했던 여정인데 가까운 일본이기도 하고, 일정도 힘들지 않게, 학회장인 호텔과 공항과의 거리까지 생각해서 이동 거리가 30분 이내가 되도록 예약해 놓았었다. 보호자인 남편도 동행하니 편하게 다녀올 거라고 기대하며 예약했던 스케줄이었다.

몇 번이나 취소해야겠다는 생각도 했었다. 입원 중에도, 퇴원 후에도 많이 고민했다. 그런데 오기가 생긴 건지 입원 중 고생하면서도 학회 가고 싶다는 기도를 계속하게 되었다. 지난 5년간 코로나 팬데믹과 신장암 치료로 해외학회는 참석하지 못했다. 몇 번 가려고 예약했었는데 학회가 많이 열리는 가을쯤에 수술받는 바람에 두 번이나 위약금도 물고 취소해야 해서 속상했었다. 학회를 가는 것이 그렇게 중요한 일은 아니겠지만 이번에는 꼭 가고 싶었다. 그러나 퇴원 후에도 계속되는 증상과 떨어진 체력으로 누가 보아도 나갈 수 없어 보였다.

취소할 수 있는 날짜가 다가왔지만 취소하지 않고 계속 기도했다. 학회 나갈 수 있게 해달라고 기도한다기보다 하나님께 떼쓰고 있는 것으로 보였다. 갈 수 있을 만큼 어서 기적적인 회복의 은혜를 달라는 마음 반, 그동안 수고한 남편과 같이 새롭고 좋은 시간을 가지고 싶은 마음 반이었다.

출발하기 3일 전, 여전히 왔다 갔다 하는 몸 상태를 보니 염려가 몰려왔다.

'해외에서 아프면 민폐인데... 내가 무모한 일을 하는 걸까? 욕심부리고 있는 걸까? 잘 회복하는 것이 가장 중요할 텐데, 난 무엇을 하고 싶은 걸까? 나는 왜 하나님께 떼쓰듯 내 소원을 계속 조르고 있는 걸까?'

친구 몽이가 '아무것도 염려하지 말고 오직 모든 일에 기도와 간구로 너희 구할 것을 감사함으로 하나님께 아뢰라' 빌립보서 4:6 말씀을 보내 주었다. 새 번역에는 여러분이 바라는 것을 감사하는 마음으로 하나님께 아뢰십시오(present your "request" to God) 이라고 되어있다.

그러나 말씀과는 반대로 염려로 가득 찬 내 마음.
'오늘부터 혈압도 오르기 시작했는데, 스테로이드 약도 아직 반밖에 못 줄였는데, 오늘 한 피검사에서 전해질도 이상이 있는데, 가서 또 새로운 증상이 나타나면 어떻게 대처하지? 내일은 또 더 나빠지면 어떻게 하나…'

심란해하고 있는데 큰아들한테 전화가 왔다. 엄마가 상황이 이래서 기도하면서도 염려하고 있다고 고백했더니, 하나님은 우리가 원하는 것보다 항상 더 좋은 것으로 주시는 분이신데 뭐가 문제냐고 한다.

우리 가운데 일하시는 하나님께서는
우리가 구하고 생각하는 것보다
훨씬 더 많은 것을 채워 주실 것입니다.
(에베소서 3:20)

'그래... 엄마 믿음이 너무 작아서 보이는 것만 보려고 한다...'
전화를 끊고 펑펑 울었다. 몸이 힘든 것도 속상하고, 조그만 변화에도 예민해지고 온갖 경우의 수가 생각이 나서 주님께 온전히 맡기지 못하고 내 믿음이 적어 흔들리는 것도 속상하고, 매일 매일 치러야 하는 영적인 싸움도 힘들고...

그럼에도 불구하고 말씀으로, 또 격려의 전화로 나를 붙드시는 하나님 앞에서 그냥 통곡하며 울었다.

다음 날 다시 검사한 전해질 수치가 정상으로 나왔다. 아마도 피를 뽑을 때 적혈구가 깨지며 생긴 검사 오류였나 보다. 염려할 일이 아니었나 보다. 혈압도 더 오르지 않는다.

떠나기 전날, 처음으로 지난밤에 푹 잤다.

10월 6일 아침 큐티 말씀이다.
이제 가서 백성 앞에서 서판(tablet)에 기록하며
책에 써서 후세에 영원히 있게 하라...
(이사야 30:8-18)

아! 가서 할 일이 생겼다. 노트북을 가져가야겠다. 내가 구하는 것보다 더 좋은 것을 예비하셨을 것 같다. 기대된다.

5일 동안 학회장과 호텔 안에서 머무르며 맛있는 음식을 맘껏 즐기며 푹 쉬었다. 일식을 좋아하는데 스시 같은 날 음식은 조심스러워 못 먹었지만, 샤부샤부, 철판요리, 생선조림, 카레, 스끼야끼 등 좋아하는 음식을 많이 먹고 즐거웠다. 매 끼니를 준비하고 치우는 수고 없이 잘 먹는 호사를 맘껏 누렸다. 학회 강의도 힘들지 않게 듣고, 방에서 쉬며 충전하며 글 쓰며 행복한 시간을 보냈다. 매일 컨디션이 좋아지고 회복되는 것이 느껴졌다. 풍성한 음식을 먹으며 몸이 회복하고, 새로운 말씀을 먹으며 그 은혜를 글로 기록하는 기쁨의 시간.

동경에서의 5일... 하나님이 내게 주신 좋은 선물이었다.

순식간에 갑자기

그러므로 '이스라엘의 거룩하신 분'께서 이렇게 말씀하신다. "너희가 이 말을 업신여기고, 억압과 사악한 일을 옳은 일로 여겨서, 그것에 의지하였으니,

이 죄로, 너희가 붕괴될 성벽처럼 될 것이다. 높은 성벽에 금이 가고, 배가, 불룩 튀어나왔으니, 순식간에 갑자기 무너져 내릴 것이다. 토기장이의 항아리가 깨져서 산산조각이 나듯이, 너희가 그렇게 무너져 내릴 것이다. 아궁이에서 불을 담아 낼 조각 하나 남지 않듯이, 웅덩이에서 물을 퍼낼 조각 하나 남지 않듯이, 너희가 사라질 것이다."

그러나 주님께서는 너희에게 은혜를 베푸시려고 기다리시며, 너희를 불쌍히 여기시려고 일어나신다. 참으로 주님께서는 공의의 하나님이시다. 주님을 기다리는 모든 사람은 복되다.
(이사야 30:12-14,18)

하나님을 의지하지 않고 그 말씀을 거역할 때, 그 심판은 순식간에 갑자기 이루어질 것이라고 하신다. 조각하나 남기지 않고 항아리가 깨지듯이 무너질 것이라고 하신다. 하나님은 모든 것의 주관자 되셔서 순식간에 갑자기 깨뜨리시기도 하며 조각 하나도 찾을 수 없게도 하신다.

며칠 전 읽은 이사야 29장 5절 말씀: 네 대적의 무리는 세미한 티끌 같겠고 강포한 자의 무리는 날려 가는 겨 같으리니 그 일이 순식간에 갑자기 일어날 것이라. 이 말씀에서도 전능하신 하나님께서는 우리를 괴롭히는 것들을 '순식간에 갑자기' 날려 보내실 수 있는 경이로운 분이심을 묵상했다.

이렇게 순식간에 갑자기 모든 것을 하실 수 있는 전능하신 하나님께서 우리를 불쌍히 여기셔서 은혜 베푸시려고 기다리시고, 일어나 계시는 주님이시다.

오늘 날기새 말씀에서도 우리를 불쌍히 여기시고 잊지 않으시는 주님을 보여주셨다.

손바닥에 우리의 이름을 새겨 주시기까지 사랑하시며 잊지 않으시는 주님이시다.

그리고 나를 파괴하고 황폐하게 하는 것들을 곧 떠나게 하시는 회복의 주님이시다.

"어머니가 어찌 제 젖먹이를 잊겠으며,
제 태에서 낳은 아들을 어찌 긍휼히 여기지 않겠느냐!
비록 어머니가 자식을 잊는다 하여도,
나는 절대로 너를 잊지 않겠다.

보아라, 예루살렘아,
내가 네 이름을 내 손바닥에 새겼고,
네 성벽을 늘 지켜 보고 있다.

너를 건축할 사람들이 곧 올 것이니,
너를 파괴하는 사람과 황폐하게 하는 사람이
너를 곧 떠날 것이다.
(이사야 49:15-17)

큐티를 이사야서로 하고 있고 또 '날기새'에서도 이사야서의 말씀을 가지고 듣고 있다. 우리 교회에서 발간하는 큐티지 이름이 '날마다 솟는 샘물'이다. 이사야서 말씀이 구약의 예언서이어서 어려운 부분도 있고 유다 심판의 때라 무거운 말씀이라는 생각도 가지고 있었으나, 매일 매일 말씀을 통하여 솟는 샘물을 마시게 하시고 그 말씀으로 살아나기 때문에 나에게는 생명의 말씀이다. 내용이 어렵기는 하지만 나에게 약속의 말씀으로 들린다. 언약의 말씀을 확인해 주시고 또 확인해 주시는 약속의 시간이다.

너희는 나에게 나아와 귀를 기울이고 들어라.
그러면 너희 영혼이 살게 될 것이다.
내가 너희와 영원한 계약을 맺고
다윗에게 약속한 은혜의 축복을
너희에게 내려 주겠다.
(이사야 55:3)

딴 길로 가지 않도록

예루살렘에 사는 시온 백성아, 이제 너희는 울 일이 없을 것이다. 네가 살려 달라고 부르짖을 때에, 주님께서 틀림없이 은혜를 베푸실 것이니, 들으시는 대로 너에게 응답하실 것이다.

비록 주님께서 너희에게 환난의 빵과 고난의 물을 주셔도, 다시는 너의 스승들을 숨기지 않으실 것이니, 네가 너의 스승들을 직접 볼 것이다. 네가 오른쪽이나 왼쪽으로 치우치려 하면, 너의 뒤에서 '이것이 바른길이니, 이 길로 가거라' 하는 소리가 너의 귀에 들릴 것이다.

주님께서 백성의 상처를 싸매어 주시고, 매 맞아 생긴 그들의 상처를 고치시는 날에, 달빛은 마치 햇빛처럼 밝아지고, 햇빛은 일곱 배나 밝아져서 마치 일곱 날을 한데 모아 놓은 것 같이 밝아질 것이다.
(이사야 30:19-21, 26)

주님께 부르짖을 때 은혜를 베푸시며 응답하시며 상처를 싸매어 고쳐 주신다.

스승이 되신 주님께서 환란과 고난을 허락하시기도 하지만 말씀의 교훈을 직접 보게도 하신다. 그래서 어느 길로 가야 바른 길인지 귀에 들려주시고 알려주신다. 치유하시고 회복하게 하시는 축복의 말씀을 또 듣는다.

세상은 '네 마음이 시키는 대로, 마음이 가는 대로 살라'고 광고하고 소리친다. 그 끝이 어디로 향하고 있는지 보지 못하게 숨겨놓은 채로...

어느 길로 가야 할지 몰라 헤매는 우리에게 주님이 떠나지 않으시고, 함께 하셔서 직접 말씀을 보여주시며 들려주셔서 딴 길로 가지 않도록 인도하신다는 말씀이 참 큰 축복이다. 주님이 친히 바른길을 알려주시는 음성을 들으며 삶을 산다는 것은 얼마나 큰 은혜인가... 주님의 말씀만 따라가기를 원합니다.

어미 새의 마음

결혼 직후 제자 훈련을 받았던 목사님으로부터 책을 선물 받았다. 대학생 때는 CMF(Christian Medical Fellowship) 동아리 친구들과 친하게 지내며 수련회도 따라다니고, 스스로를 pseudo CMF(CMF인 척하는)라고 생각했었다. 그 친구 부부들과 함께 토요일 저녁 시간에 훈련을 받았었다.

이광호(가명) 목사님은 그 당시 중국의 한족을 섬기시기 위해 가명을 쓰시며 중국을 방문해 지하교회의 성도들을 제자 훈련 시키셨는데, 그 한족 분들이 얼마나 간절하고 신실한 신앙을 가졌는지 강조하시곤 하셨다. 그에 비해 우리들은 너무나도 편하게 대강대강 신앙생활 한다는 자각을 깨우시곤 했다. 제자 훈련 교제의 제목은 '너희는 나를 누구라 하느냐?'이었다. 주 예수님이 정말로 나의 주인이 되시는지 계속 물어보셨다.

지금도 기억하는 것이, 이 질문을 두고 몇 개월을 씨름했었다. 우리의 가정이나 직장 그리고 교회 생활의 주인이 예수님이 되지 못했기 때문에 진도가 나가지 못했다. 많이 찔리고 혼나고...
그러나 모임이 끝나고 밤늦게 집으로 돌아오는 길은, 혼나도 기쁘고 감동이 있는 소중했던 시간이었다. 후에 목사님은 인천에 교회를 개척하셨고, 교회 성도들에게도 타협 없는 제자 훈련을 시키신다는 이야기를 들었다. 교인들이 힘들겠다는 생각도 들었지만 부럽기도 했다.

둘째 아이를 출산하게 되었을 때 몇 개월간 제자 훈련 참석은 남편만 하였다. 그때는 주님께 헌신하는 것에 대한 내용을 배우고 있었던 것 같다. 토요일 밤 모임을 마치고 돌아온 남편이, "우리 둘째 아들의 이름을 주헌(주인 주, 헌신할 헌)이라고 지어야겠어." "주님께 헌신하는 중요성을 하도 강조하셔서 머릿속에서 그 생각만 나."

큰아들 이름도 몇 년간의 기다림 끝에 아이를 주신 은혜를 생각하며 남편이 지었으니, 이번에도 난 오케이 했다.

나의 첫 제자 훈련은 대학교 1학년 때인 것 같다. 당시 신학교를 다니시던 교회 대학부 선배님이 우리 동기 3명을 데리고 양육과 훈련을 해주셨다. 지금까지도 서로를 위해 기도해 주는 귀한 만남이었다. 동기 한 명은 후에 목사님이 되었는데, 얼마 전 그 친구의 설교를 들을 기회가 있었다. 같이 양육 받던 친구의 설교를 듣고 은혜받는 신비가 놀랍고도 감사했다.

수많은 목사님들을 지금까지 만나보았지만 참 귀하신 분들이 많다. 하나님의 말씀을 곱씹고, 소화시켜서, 다시 먹여주는 어미 새의 마음처럼... 그렇게 목사님들의 사랑을 받아먹고 힘을 낸다.

어릴 적 가장 멋있어 보이는 사람은 목사님이었다. 가장 축복 받은 직업(?)이라고 생각되었다. 그래서 목사님과 결혼하는 것이 꿈이었는지도 모르겠다. 남편에게 이런 이야기를 하면 '난 목사가 아닌데, 그러면 꿈을 이루지 못한 것이냐'며 기분 안 좋아한다. 은퇴 후 목사님이 되신 분들도 있으니, 나는 아직도 꿈을 버리지 않았다고 말하면 표정이 더 안 좋아진다.

사실 내 속마음은, 꼭 목사님이 되지 않아도 말씀으로 다른 사람들을 섬기는 삶을 살면 가장 축복받은 일이라고 생각한다.

하나님의 불, 사람의 불

요즘엔 불에 대한 말씀을 많이 읽게 된다. 이사야 선지자가 한 말이다.

주님께서 나에게 이런 말씀을 하셨다. "사자가 으르렁거릴 때에, 힘센 사자가 먹이를 잡고 으르렁거릴 때에, 목동들이 떼지어 몰려와서 소리 친다고 그 사자가 놀라느냐? 목동들이 몰려와서 고함 친다고 그 사자가 먹이를 버리고 도망가느냐?" 그렇듯, 만군의 주님께서도 그렇게 시온 산과 언덕들을 보호하신다.

새가 날개를 펴고 둥지의 새끼를 보호하듯이, 만군의 주님께서 예루살렘을 보호하신다. 감싸 주고 건져 주며, 다치지 않게 뛰어넘어서, 그 도성을 살리신다.

이스라엘의 자손아, 너희가 그토록 거역하던 그분께로 돌이켜라. 너희 각 사람이 너희 손으로 직접 은 우상과 금 우상을 만들어 죄를 지었으나, 그 날이 오면, 그 우상을 다 내던져야 할 것이다.

"앗시리아가 칼에 쓰러지겠으나, 사람의 칼에 쓰러지는 것이 아니고, 칼에 멸망하겠으나, 인간의 칼에 멸망하는 것이 아니다...

그의 왕은 두려워서 달아나고, 겁에 질린 그의 지휘관들은 부대기를 버리고 도망할 것이다." 시온에 불을 가지고 계시며 예루살렘에 화덕을 가지고 계신 주님께서, 이렇게 말씀하셨다. (이사야 31:4-9)

하나님은 자신의 백성들을 지키신다. 아무리 떼거리로 몰려와서 소리쳐도 까딱도 안 하는 힘센 사자처럼 싸워 주시고, 날개로 둥지의 새끼를 보호하듯이 감싸 다치지 않게 살려주신다.

그리고 남유다를 침공한 앗시리아는 하나님의 불로 완전히 멸망할 것이다. 불을 사용하셔서 하나님의 백성을 지키시고 침략자를 멸하시는 말씀이다.

오늘 날기새도 불에 대해 말씀하셨다.

너희 가운데 누가 주님을 경외하며,
누가 그의 종에게 순종하느냐?
어둠 속을 걷는, 빛을 모르는 사람이라도,
주님의 이름을 신뢰하며, 하나님께 의지하여라.

너희가 모두 불을 피우고, 횃불을 들고 나섰지만,
너희가 피운 그 불에 너희가 탈 것이며,
너희가 들고 나선 그 횃불에 너희가 소멸될 것이다.
(이사야 50장 10-11)

모든 피조물 중 인간만 불을 만들 수 있는 큰 능력을 갖췄으나 하나님 없이 살 수 있다고 생각할 때 인간의 불 피우는 능력도 고통이 되고 멸망하게 되는 것이 된다고 말씀하셨다.

우크라이나와 러시아 전쟁, 그리고 몇 일전 시작한 이스라엘 전쟁의 고통과 슬픔을 우리가 보고 있듯이...

하나님은 끊임없이 우리에게 하나님께로 돌아오라고 말씀하신다. 하나님 없이 내 힘으로 살며 불로 멸망하지 말고, 우리를 사랑하시고 지켜 주시는 하나님만 의지하며 하나님의 불로 살아나도록.

뽀빠이와 올리브

암 투병한 지 5년이 다 되어 간다. 이 기간에 옆에서 가장 힘들었을 남편을 생각하면 미안한 마음이 앞선다.

남편이 날 부르는 별명은 '올리브'이다. 올리브를 닮았다고 한다. 외적인 이미지도, 아기를 안고 있는 이미지도. 올리브는 "도와줘요. 뽀빠이"를 외친다. 그러면 알통을 뽐내며 나타나 올리브를 구해준다. 남편 팔의 알통은 크지 않지만, 다리에 튼튼한 알통이 있다. 그래서 어쨌든 뽀빠이가 되었다.

대학교 시절 같은 반 학우로 만난 남편은 늘 한결같은 모습이었다. 학생 때는 특별한 사이가 아니었지만, 멀리서나마 나를 지켜봐 주고 도움이 필요할 때는 순수하게 도와주는 친구였다. 먼저 나를 좋아하게 된 남편은 4년간 계속 기도했다고 한다. 아직 여자 친구가 없어 고민하던 아들이 이 이야기를 듣고, 결혼할 배우자를 만나려면 4년간의 기도가 필요한 거라고 입력했단다.

남편의 순수함은 결혼 후에도 지속되었다. 그 순수함이 존경스럽기도 했지만 불만스럽기도 했다. 세상의 불의에 대해 고통스러워할 때는 '뭘 저렇게까지 그러나'라는 생각도 했고, 성경 말씀 그대로 따르려는 모습은 내가 편리한 대로 해석하려는 나를 부끄럽게도 했다.

요즘은 MBTI가 유행이지만 옛날엔 기질 테스트가 있었다. 히포크라테스가 분류한 기질 중에 마이 웨이(my way)가 강한 담즙질의 성향이 있는 나는 우울질인 남편을 힘들어하기도 했다. 나만 힘든 줄 알았는데 그러한 나와 사는 것이 남편도 힘들었단다. 덜 성숙한 사람은 나만 피해자이고 나만 힘들다는 착각을 잘하는 것 같다.

젊었을 때, 남편에 대해 불만의 마음이 있을 때 기도하다가 깨달은 말씀이 있다.
하나님께서는 미리 정하신 사람들을 부르셨고,
부르신 사람들을 의롭다고 하셨고,
의롭다고 하신 사람들을 영화롭게 하셨습니다.
(로마서 8:30)

나에게 주신 남편은 하나님께서 부르시고 의롭다고 하시고 영화롭게 하신 소중한 자이니 그만 불평하라고 하시는 것 같았다.

결혼 후 30년이 다 되어가니 서로 상처 주고 힘들게 하였어도 가장 가까운 반려자이자 반쪽이 되어가나보다.

표적항암제를 먹기 시작했을 때 긴장한 남편은 자신도 같이 먹고 싶은 마음이라는 말을 했다. 부작용의 고통을 같이 느끼고 싶다나 뭐라나... 당신까지 아프면 어떡하냐고 안 된다고 말하긴 했지만, 남편의 말이 나에게도 충격이 되었다. 배우자가 아픈 것이 얼마나 큰 고통일지, 얼마나 힘든 것일지...

그 고통 가운데 건져주시고 위로와 평안 주시기를 기도한다. 뽀빠이가 시금치 먹고 힘내서 올리브를 구하러 와주는 것처럼, 말씀 먹고 힘내서 언제나처럼 내가 부르면 항상 와 주길 기도한다.

내가 나은 이유

그는 사람들에게 멸시를 받고, 버림을 받고, 고통을 많이 겪었다. 그는 언제나 병을 앓고 있었다. 사람들이 그에게서 얼굴을 돌렸고, 그가 멸시를 받으니, 우리도 덩달아 그를 귀하게 여기지 않았다.

그는 실로 우리가 받아야 할 고통을 대신 받고, 우리가 겪어야 할 슬픔을 대신 겪었다. 그러나 우리는, 그가 징벌을 받아서 하나님에게 맞으며, 고난을 받는다고 생각하였다.

그러나 그가 찔린 것은 우리의 허물 때문이고, 그가 상처를 받은 것은 우리의 악함 때문이다. 그가 징계를 받음으로써 우리가 평화를 누리고, 그가 매를 맞음으로써 우리의 병이 나았다.
(이사야 53:3-5)

이 말씀은 구약 이사야서에 예언된 예수님에 관한 내용인데, 많이 들어왔던 구절이다. 내가 주로 읽는 개역개정 성경에는

'간고를 많이 겪었으며 질고를 아는 자, 우리의 질고를 지고 우리의 슬픔을 당하셨다'고 되어있다. 한문에 약한 나는 질고라는 단어가 '병으로 말미암은 고통, 질병'이라는 뜻을 잘 모르고, 뭉뚱그려 고난을 겪으셨다고 이해하고 있었다. 오늘 새번역으로 읽어보니 주님이 병을 앓고 있었고, 공동번역에는 그는 우리가 앓을 병을 앓아주었으며, 우리가 받을 고통을 겪어 주셨다고 되어있다. 눈이 번쩍 떠졌다. 주님이 우리의 병까지 친히 앓아주셨다니, 그래서 그 고통과 슬픔을 너무 잘 아신다니...

더 놀라운 것은 나의 죄로 말미암아 내가 받아야 할 형벌을 대신 받아 주시고 갚아 주셨을 뿐만 아니라 그 형벌의 고통을 대신 받아 주셔서 나는 평화를 누리게 되었고, 주님이 매 맞아 주셔서 나의 병이 나은 것이다.

주님이 주신 평화는 그냥 말로만 주신 것이 아니다. 십자가의 고통과 형벌을 나 대신 다 지시면서 찔리시고 상처받으시고 고통 가운데 죽기까지 하시면서 주신 평화이다. 이렇게 큰 값을 치르신 평안을 우리가 못 누리고 있다면 주님이 얼마나 안타까워하실까? 주님이 부활 후 제자들을 처음 만났을 때 하신 말

"너희에게 평강이 있을지어다"
의미의 무게가 조금 더 다가온다.

예수님이 혈우병 앓고 있던 여인에게 하신 말씀 "딸아 네 믿음이 너를 구원하였으니 평안히 가라 네 병에서 놓여 건강할지어다"의 말씀이 수백 년 전의 이 이사야서 말씀이 성취가 된 것임을 알게 되었다. 주님이 징계받으셔서 우리가 평안을 누리고 주님이 매 맞으셔서 우리의 병이 나았다. 매직(magic)처럼 손만 대어 병을 낫게 해 주신 것이 아니다. 주님이 대신 아파주시고 질고를 겪어 주셨기 때문에 나의 병이 나은 것이다.

모두의 하나님

솔직히 나에겐 선입견이 있었다. 하나님은 하나님을 믿는 사람들을 주로 사용하셔서 그의 뜻을 이루실 거라는 생각을 했었다. 믿음의 사람들은 기도도 많이 할 것이고 하나님의 인도함을 받으니까 그 뜻을 이루어 가실 때는 믿는 자들을 통해 일하시지 않을까…

하나님은 만물의 왕이 시며 모든 피조물을 만드시고 다스리시는 분이시다. 믿는 자만 사용하시는 것이 아니라 믿지 않는 자도 하나님의 선하신 뜻에 사용하신다.

하나님은 불가능이 없으신 분이고 우리의 지식과 지혜를 뛰어넘으시는 분이시다. 피조물인 우리가 어떻게 하나님의 위대하심을 다 이해할 수 있을까… 그리고 지금은 하나님을 모르고 신앙이 없더라도 언제 어떻게 하나님을 만나고, 나중 된 자가 먼저 될지는 아무도 모른다.

첫 책을 출판하며 만난 편집자님도 아직은 하나님을 믿지 않으시지만, 하나님이 만나게 하셨고 그분을 통하여 책을 출간하도록 인도하셨기 때문에 앞으로 인도하심도 기대가 된다. 원래 내가 생각한 책 제목은 '넘치는 기쁨'이었는데, 편집자의 손길로 넘치는 기쁨의 '고백'이 되어 감사했다. 퇴원 후 스테로이드 용량으로 고생할 때도 내분비를 전공한 불교인 친구가 나에게 따듯한 마음으로 세심하게 챙겨주고 필요할 때 먼저 연락해 주어 힘든 시간을 지나는 동안 큰 도움이 되었었다.

우리 모두를 사랑하시는 하나님, 우리를 모두 하나님의 선하신 뜻을 이루는 데 사용해 주시고 하나님의 나라가 이 땅에 아름답게 회복되기를 기도합니다. 우리 모두의 하나님이 되시고 우리 모두에게 주님이 주신 평안이 있기를 기도합니다.

내 눈이 볼 것은

입원 중에 여러 증상이 있었는데 모든 장기가 다 힘들었던 것 같다. 어느 정도 회복기에 든 것 같아 병실 내에서 걸어 다니는 운동을 잠깐씩 하고 있었는데 갑자기 오른쪽 눈에서 검은색 물감을 풀어놓은 것 같은 것이 보이기 시작했다. 동그란 도넛 모양도 보이고 점들도 보이고 눈이 움직일 때마다 따라다닌다. 혈소판이 다시 떨어져서 망막에 출혈이 온 것일지 잠시 걱정했는데, 안과 전공자의 말로는 비문증 증상인데 나이 들면 그런 경우가 많고 대부분 큰 문제가 없다고 한다.

퇴원 후에도 여러 증상으로 힘들어 눈 문제는 아무것도 아니었는데, 몸이 점점 회복하자 눈의 불편함이 느껴지기 시작했다. 이전 수술 때도 그랬었다. 처음엔 안쪽 장기에 통증이 심해 허리를 못 펴고 다녔는데 시간이 지나 허리를 펼 수 있을 만큼 좋아지자, 피부를 꿰맨 부위가 따끔따끔 아프기 시작했다. 피부가 갑자기 아픈 것은 아닐 것이고, 아마 더 큰 통증이 있으면 더 작은 통증을 덮어버리는 것 같다.

안과 검사 결과도 치료가 필요 없다고 했고 원인은 노화일 거라고 했으나, 볼 때마다 눈에 먹구름 같은 것이 있으니 불편하긴 하다.

오늘의 큐티 말씀은 내 눈이 무엇을 볼지 말씀하신다.
네 눈은 왕을 그의 아름다운 가운데에서 보며
광활한 땅을 눈으로 보겠고
네가 강포한 백성을 보지 아니하리라…
…네 눈이 안정된 처소인 예루살렘을 보리니
그것은 옮겨지지 아니할 장막이라
여호와는 거기에 위엄 중에 우리와 함께 계시리니…
그 거주민은 내가 병들었노라 하지 아니할 것이라
거기에 사는 백성이 사죄함을 받으리라
(이사야 33:17,19-24)

아름다운 왕이신 주님을 볼 수 있다니, 주님이 다스리시는 광활한 땅을 볼 수 있다니, 주님이 계신 곳을 볼 수 있다니, 나의 안정된 처소라니, 나를 힘들게 하던 것들은 더 이상 볼 수 없다니…

또 놀라운 약속의 말씀, 회복의 말씀이다.

함께 읽은 이사야 54장에도 처소에 대해 같은 말씀을 하셨다. 장차 거할 흔들리지 않는 안정된 처소를 예비하셨고, 황폐한 곳이 회복케 되는 회복의 말씀이다.

내가 영원히 거할 집은 어떻게 생겼을까?

네 장막터를 넓히며 네 처소의 휘장을 아끼지 말고 널리 펴되
너의 줄을 길게 하며 너의 말뚝을 견고히 할지어다.
이는 네가 좌우로 퍼지며 네 자손은 열방을 얻으며
황폐한 성읍들을 사람 살 곳이 되게 할 것임이라.
(이사야 54: 2-3)

눈이 쪼끔 불편하긴 해도 주님이 보여주시는 것은 놀랍다. 옛날 찬송이 생각난다.

구주를 생각만 해도 이렇게 좋거든
주 얼굴 뵈 올 때에야 얼마나 좋으랴

기도의 향기

퇴원 3주 만에 병원으로 복귀하였다. 스테로이드를 끊은 지 2일밖에 되지 않았고 아직 증상이 남아있어 정상적인 체력은 아니지만, 다시 나의 일터로 나갈 수 있다니 참 감사하다.

매주 수요일 점심시간에 모이는 마더와이즈 기도모임에 참석하였다. 그동안 나를 위해 간절히 기도해 주신 선생님들이 기뻐하며 맞아 주신다. 나의 아픈 모습을 직접 눈으로 보고, 안 좋은 검사 결과들을 확인하셨던 선생님들의 마음은 큰 두려움이었다고 고백하신다. 그러나 그 두려움이 믿음의 기도를 하게 하셨고, 기도 가운데 행하신 하나님의 능력을 보고 회복케 하시는 하나님의 사랑을 알게 하신 특별한 시간이었음을 고백하신다.

이렇게 다시 둘러 모여 앉아 같이 나누고 기도할 수 있음이 얼마나 감사한지… 20년 가까이 되는 시간 동안 이 기도 모임을 인도해 주신 주님께서 앞으로도 그렇게 하실 것을 기대한다.

지난주 설교 말씀은 마이클 리브스 목사님(영국 유니온 신학교 총장)이 전해주셨다. 첫 신장암 수술하러 입원하는 날에도 말씀을 전해 주셨던 목사님이시다. 그때의 설교 말씀, 하나님이 우리의 고통을 사용하시고 우리 눈물을 낭비하지 않으신다는 말씀이 참 위로가 되었었다. 이번엔 주기도문, 예수님이 가르쳐 주신 기도의 첫 문장을 가지고 말씀하셨다.

〈하늘에 계신 우리 아버지〉
주님이 기도하실 때, 하나님 아버지를 부를 때 사용하셨던 애칭 '아바 아버지'를 우리도 사용할 수 있도록 해 주셨다. 하나님과 주님의 친밀한 관계를 우리도 동일하게 누리게 되었다. 하나님이 우리의 아버지가 되도록 해 주셨다.

아버지가 되신 하나님은 자녀의 기도를 기뻐하신다. 우리의 기도가 하나님께는 아로마(향기)가 된다고 하셨다. 하늘에서 모든 것을 다스리시는 우리 아버지께 기도할 때, 문제에 초점을 맞추는 것이 아니라 누구에게 기도하는지에 초점을 맞출 때, 하나님은 우리 기도를 향기로 받으시고 기뻐하시며 들으신다.

우리 선생님들의 기도를 향기로 받으시고 응답해 주신 하나님께 감사하는 시간이었다.

다른 천사 하나가 제단 앞으로 나아왔습니다.
그 천사는 금향로를 들고 있었습니다.

금향로에 향을 가득 채워 성도들의 기도와 함께
보좌 앞의 금제단에 내려놓았습니다.

향의 연기가 천사의 손에서 하나님께로 올라갔습니다.
이 향과 함께 성도들의 기도도 하나님 앞으로 올라갔습니다.
(요한계시록 8:3-4)

믿음

지난 1주일은 참 힘들었다. 방광염 증상이 나타나 몸이 힘들기도 했고, 혹시나 다시 열이 날까, 면역 반응 이상이 다시 나타날까 염려도 되고, 방광의 염증이 하나밖에 없는 신장을 침범하면 안 되기에 조바심이 나기도 했다. 몸이 회복되는 과정 중에, 병원에 복귀한 지 1주일 만에 또 아프니 마음이 위축되기도 했다. 겨우 근육이 힘을 얻고 회복하나 싶었는데 다시 돌아간 것 같았다. 무엇보다 나의 믿음이 흔들렸다. 하나님을 믿었던 아브라함과는 달리…

성경에는 아브라함이 하나님을 믿었으므로 하나님은 이 믿음 때문에 그를 의롭게 여기셨다.라고 기록되어 있습니다. 아브라함은 자기 나이가 백 세가 다 되어 몸은 죽은 것과 다름이 없었고 그의 아내 사라도 나이가 많아 도저히 출산할 수 없는 것을 알고도 믿음이 약해지지 않았습니다. 그는 불신앙으로 하나님을 의심하지 않고 믿음에 더욱 굳게 서서 하나님께 영광을 돌리며 하나님께서 약속하신 것을 이루실 수 있다고 확신했습니다. 그래서 하나님은 이 믿음 때문에 그를 의롭게 여기셨습니다.
(로마서 4:3, 19-22)

불로부터 나를 지켜 주셨고, 살려주셨고, 나를 붙들고 있던 힘들게 하던 모든 것들을 찾지도 못하게 없애 주신다는 그 말씀이 이루어질 것을 여러 번 말씀해 주셨기 때문에 믿으면서도... 또 흔들리기도 한다.

다음 주에 폐 CT 사진을 찍어 확인하기로 예약 되어있는데.., 마음 한켠에 두려움이 생긴다. '아직 결절이 그대로 보이면 어떡하지? 혹시 더 커졌으면 어떻게 해석해야 하지?' 믿음이 왔다 갔다 한다. '주님 나를 불쌍히 여겨 주세요. 이런 믿음으로 무엇을 볼 수 있겠어요? 믿음이 없어 하나님의 약속을 의심하는 자가 되기 싫어요...

내 믿음이 흔들려 주님이 주신 은혜를 다 받지 못하면 어떡하지요? 내 믿음이 흔들리지 않도록 확실히 붙들 수 있는 싸인을 구해야 할까요?'

사사기 6장에서 기드온은, 하나님께서 함께하셔서 이스라엘을 미디안으로부터 구원하실 것이라는 그 말씀이 이루어진다는 표징 혹은 증거를 구했다. 양털 뭉치만 이슬로 젖어있거나 양털 뭉치만 말라 있게 해달라는 시험을 2번이나 반복하며 확인해 보았다. 하나님은 확인해 주셨다.

이사야 38장에서 히스기야왕의 병을 고쳐 주시고 생명을 15년 연장해 주셨을 때도, 해의 그림자가 십도 뒤로 물러가는 표징을 보여주시며 증거를 삼아주었다. 하나님의 약속이 이루어진다는 싸인을 보여주신 것이다. 주님께 나도 싸인을 보여 주십사 구하고 싶은 마음도 들었다. 그러면 의심하지 않고 믿음 가운데 있을 수 있을까?

예수님은 싸인에 대해 어떻게 생각하시는지 궁금하여 신약 사복음서에서 표적(싸인)에 대한 내용들을 살펴보았다. 예수님이 여러 기적과 표적을 행하셨지만, 예수님은 사람들이 예수님 자신이 아닌 표적을 보고 싶어서 따른다고 말씀하시고, 악한 세대가 표적을 구한다고 하셨다.

이번 주일 예배는 창세기 말씀이었다.

아브람은 여호와의 말씀을 믿었습니다. 그런즉 여호와께서는 이런 아브람의 믿음을 보시고 아브람을 의롭게 여기셨습니다. 하나님께서 아브람에게 말씀하셨습니다.

"나는 너를 갈대아 우르에서 인도해 낸 여호와이다.
내가 너를 이끌어 낸 것은 이 땅을 너에게 주기 위해서이다."
아브람이 말했습니다.
"주 여호와여, 제가 이 땅을 얻게 될 것을 어떻게 알 수 있겠습니까?"

...해가 져서 매우 어두운데, 갑자기 연기 나는 화로와 타오르는 횃불이 나타나서 반으로 쪼개 놓은 동물들 사이로 지나갔습니다. 그 날, 여호와께서 아브람과 언약을 세우셨습니다.
"내가 이 땅을 네 자손에게 줄 것이다."
(창세기 15:6-18)

아브라함은 자신의 나이와 상황이 죽은 것 같았으나, 하나님이 자손을 하늘의 별과 같이 많이 주신다는 약속과 큰 땅을 주신다는 말씀을 이루실 것을 믿었고, 그 믿음이 의로 여겨졌다고 하셨다. 약속을 의심하지 않았다고 했다. 그 땅을 차지할 수 있을지 어떻게 아느냐고 물었을 때 하나님은 쪼갠 제물 사이로 친히 지나가시며 언약식을 해 주셨다. 아브라함과 상관없이 하나님이 지키시는 언약이었다. 아들을 주신다는 약속은 한참 후에, 25년이나 지나서, 100살이나 된 후에 이루어졌다. 아브라함은 나중에 약속이 더디 이루어지자, 다른 방법으로 자손을 얻으려고 했다. 그래도 하나님은 언약을 지키셨다. 우리는 연약하여 약속을 기다리지 못하고 딴 길로 갈 수 있어도, 흔들리더라도, 하나님은 끝까지 지키신다.

복음은 이것이다. 우리가 아직 죄인 되었을 때 주님이 먼저 우리를 사랑하셔서 우리를 위해 십자가에서 모든 죄를 다 갚아 주신 것이다. 일방적인 사랑이자 먼저 이루신 완전한 사랑이다. 내가 주님을 사랑하지 않아도 주님은 먼저 나를 사랑하셨다.

언약도 하나님이 이루시는 하나님의 말씀이다. 나의 믿음이 약해서 자격이 없다고 사탄이 참소할 수 있으나, 언약의 하나님은 그 뜻을 반드시 이루신다. 내가 죽을 쑨다고 해도, 하나님은 이루신다. 나를 의롭다고 하신 것은 나의 모습과 행위와는 상관없이 주님의 의로서 이루신 것이다.

아무 공로가 없어도 경건치 않은 사람을 의롭다고 하시는 하나님을 믿는 사람에게는 그의 믿음이 의로운 것으로 인정을 받습니다. 예수님은 우리 죄 때문에 죽음을 당하셨고 우리가 의롭다는 인정을 받게 하시려고 다시 살아나셨습니다.
(로마서 4:5,25)

나를 의롭다 해 주신 예수님의 십자가가 싸인 인가보다. 다른 싸인을 구하지 않고, 나의 의가 되신 주님을 다시 바라보고 힘내서 일어나야겠다.

나의 미래는 나에게 달린 것이 아니라 하나님께 달려있다. 언제, 어떻게 이루어지는 지도 하나님께 맡기고 믿으면 된다. 나의 미래가 어떻게 되느냐가 중요한 것이 아니라 나의 미래가 주님 안에 있다는 사실이 중요한 것이다. 그리고 주님께서는 약속의 말씀을 반드시 이루실 것을 믿는다.

작가는 하나님

원래 나의 계획은 11월에 CT를 찍고, 폐 전이 결절이 깨끗이 없어졌으면 빨리 두 번째 책을 마무리하려고 했다.

11월 1일 찍은 폐 CT에서는 이전과 별 차이 없이 0.5cm 정도 되는 작은 결절이 계속 보인다고 한다. 더 많이 커지거나 새로운 결절이 보이지 않는 것은 감사하나, 원래 내 계획처럼은 되지 않았다.

"내 생각은 너희 생각과 다르며 내 길은 너희 길과 다르다."
여호와의 말씀이다.
"하늘이 땅보다 높음같이,
내 길은 너희 길보다 높으며,
내 생각은 너희 생각보다 높다.
비와 눈이 하늘에서 내리면, 그리로 다시 돌아가지 않는다.
오직 그 물이 땅을 적셔, 그것으로 식물이 싹이 터
사람들의 먹을 양식으로 자라난다.

내 입에서 나오는 말도 그러하다.
내 말은 헛되이 내게로 돌아오지 않는다.
내 뜻을 이룬 뒤에야,
내가 하라고 보낸 일을 다한 뒤에야 내게로 돌아온다."
그러므로 너희는 기쁨과 평화를 누리며 살 것이다.
(이사야 55:8-12)

지난주 설교 말씀이었던 아브라함과 언약하신 하나님의 이루심을 떠올리며 하나님의 계획은 무엇일지, 하나님의 때는 언제일지 생각해 본다. 나의 때와 나의 계획과는 다른 것 같다. 당연하겠지... 전능하고 높으신 하나님의 섭리를 다 알 수 없으니... 그러나 언약의 하나님이 그 계획을 반드시 그의 때에 이루신다는 사실이 내 마음을 평안하게 해준다. 지금 내 눈에 보이는 이 폐 결절을, 이 상황을 견딜 수 있게 해 주신다.

큰아들에게 전화가 왔다. 오늘 찍은 CT 결과를 이야기해 주고 책을 쓰는 계획에 차질(?)이 생겼음을 보고했다. CT 결과에 별 감정의 변화 없이 덤덤하게 아들이 대답한다.

"저도 제 계획대로 해주신 적은 한 번도 없는 것 같아요. 근데 제 생각과는 달라도 항상 더 좋은 것으로 주셨어요"

"그래 우리 하나님은 그러신 분이지...
그리고 하나님의 때에 반드시 그 약속을 다 이루시는 분이시지...
그런데 엄마는 이제 어떻게 지내야 하지?
책은 어떻게 마무리해야 될지 잘 모르겠다..."

"하나님께서 말씀하신 언약의 말씀들이 이루어질 것을 믿는다면 이미 받은 자처럼 즐기며 살면 돼요"

선물은 이미 주어졌고 그 사용처도 이미 계획되었으므로, 우리는 그 선물과 계획을 즐거워할 일밖에 없다고 한다.

"저는 얼마 전, 제 삶의 작가가 제가 아닌 하나님이라는 것을 알게 되었어요. 그러니까 그 이야기를 쓰는 제 역할은 작가가 아니라 스토리텔러(storyteller)였던거였죠. 내가 계획하고 쓰는 게 아니라 이미 하나님이 만드신 내 삶을 말하면 되는 거였어요"

작가가 꿈인 아들이 최근에 자신은 '스토리텔러'가 되고 싶다고
이야기했었는데, 그 의미가 이런 마음이었구나...

빨리 책을 완성해야겠다는 나의 계획은 내려놓고,
내 삶과 이 책의 작가이신 하나님께 집중하며,
주님이 약속하신 말씀이 성취될 것을...
아니, 성취된 것을 기뻐하고 즐기며,
매일 매일 말씀하시고 이끄시는 주님과 친밀함을 누리며
주님이 주신 평안을 누리며 살 수 있기를 기도해야겠다.

내가 만드는 이야기가 아닌 하나님이 만드시는 이야기.
하나님의 스토리(His story)가 기대된다.
그리고 그 스토리를 잘 전달하고 싶다.

다시 시작한 표적항암제 보트리엔트

2023년. 11월 12일. 컨디션이 회복되어 다시 표적항암제를 복용하기 시작했다. 9월 초에 처음 먹기 시작했었으니 두 달 만에 다시 치료를 시작하게 되었다. 약 쓰기 전의 비슷한 크기의 폐결절이 있는 지금의 상태가 다시 두 달 전으로 되돌아간 것 같지만, 지난 두 달의 시간이 결코 의미 없는 것이 아니니… 또 새로운 마음으로 치료를 시작한다. 두 달 동안 아픈 가운데 돌보시고, 살려주시고, 그 시간을 나와 함께 해 주신 하나님을 조금은 더 가까이 알게 되었으니…

믿음의 장이라고 불리는 히브리서 11장을 읽었다. 거기에는 믿음으로 승리한 내용이 나온다. 믿음으로 홍해가 갈라지는 것을 보고, 믿음으로 여리고 성이 무너지고 전쟁에서 승리했다.

믿음으로 이스라엘 백성들은 육지를 걷듯이 홍해를 건넜으나 이집트 사람들은 건너려다 모두 빠져 죽고 말았습니다.

믿음으로 이스라엘 백성들이 여리고성 둘레를 7일 동안 돌자 성이 무너지고 말았습니다.
(히브리서 11:29-30)

그러나 11장에는 믿음으로 고난을 받고 죽기도 한 사람들도 나온다. 이런 사람들도 믿음의 사람으로 당당하게 기록되어 있다. 고난과 역경을 견디어 내는 것이 믿음이었다. 약속한 것을 받지 못한 상황이어도 그 약속을 믿고 견디는 것이 믿는 자들의 삶이었다. 믿음이란 바뀌지 않는 상황을 보는 것이 아니라, 상황이 바뀌지 않음에도 견디며 약속을 보는 것이었다.

믿음은 바라는 것들의 확신이요, 보이지 않는 것들의 증거라는 히브리서 11장의 첫 구절을 떠올리며… 나를 사랑하시고 선하신 뜻을 반드시 이루실 주님을 보는 믿음으로, 하루의 첫 일과로 약을 삼키며 오늘을 맞이한다.

또 어떤 이들은 조롱을 받기도 하고, 채찍으로 맞기도 하고, 심지어는 결박을 당하기도 하고, 감옥에 갇히기까지 하면서 시련을 겪었습니다.

또 그들은 돌로 맞기도 하고, 톱질을 당하기도 하고, 칼에 맞아 죽기도 하였습니다. 그들은 궁핍을 당하며, 고난을 겪으며, 학대를 받으면서, 양과 염소의 가죽을 입고 떠돌았습니다.

이 사람들은 모두 믿음으로 말미암아 훌륭한 사람이라는 평판은 받았지만, 약속된 것을 받지는 못하였습니다.
(히브리서 11:36-37,39)

나의 이름은 '믿을 신'과 '아름다울 원'의 뜻을 가지고 있다. 내가 태어났을 때는 어머니께서 믿음을 가지시기 전이라 당시 유행(?)하는 작명소에 가서 지으셨다고 하셨다. 내 이름이 중성적이어서 가끔 이름만 보고 남성으로 착각하는 경우들이 있기도 하다. 예쁜 이름은 아니라고 생각되지만, 뜻은 마음에 든다. 주님께서 믿음을 주셔서 아름다운 믿음을 가진 사람으로 불리고 싶다.

나이테

퇴원 이후 머리카락이 계속 빠져서 가발을 구입해 쓰기 시작했다. 표적항암제는 탈모의 부작용이 심하지 않은 것으로 알고 있었는데 생각보다 많이 빠져서 놀랐다. 원래 내가 상상한 것은 탈모 없이 탈색만 에쉬그레이 색으로 되는 것이었는데... 남은 머리카락에는 1cm 정도의 탈색된 띠가 보인다. 탈색된 색깔은 금빛이 도는 은색으로 표현하고 싶다. 처음에 복용한 표적항암제 때에 탈색된 부분과 입원 후 약을 중단했을 때 나온 검은 머리가 자라서 띠처럼 보인다. 마치 나이테의 선이 보이는 것 같다. 이제부터 나오는 머리는 다시 탈색되어, 또 다른 띠가 형성되려나... 요즘 유행한다는 머리 위쪽과 아래쪽을 다른 색으로 염색하는 옴브레 스타일은 내 취향은 아닌데...

머리의 탈색 띠가 웃겨 보이기도 하나, 2주간의 아팠던 시간의 돌보심을 상기시켜 주는 또 다른 은혜의 흔적이라는 생각도 든다. 나이테는 1년 동안 나무가 받은 영향을 알 수 있는 띠라고 하는데, 내 머리카락에도 은혜를 기억하게 하는 띠가 생겼다.

기다림

이삭은 마흔 살 때에 리브가와 결혼하였다...
이삭은 자기 아내가 임신하지 못하므로, 아내가 아이를 가지게 해 달라고 주님께 기도하였다. 주님께서 이삭의 기도를 들어주시니, 그의 아내 리브가가 임신하게 되었다.

그런데 리브가는 쌍둥이를 배었는데, 그 둘이 태 안에서 서로 싸웠다. 그래서 리브가는 "이렇게 괴로워서야, 내가 어떻게 견디겠는가?" 하면서, 이 일을 알아보려고 주님께로 나아갔다.

...리브가가 이 쌍둥이를 낳았을 때에,
이삭의 나이는 예순 살이었다.
(창세기 25: 20-22, 26)

이번 주일설교에서 창세기 말씀을 들으면서, 믿음의 조상인 아브라함이 25년이 지나서야 약속하신 아들을 얻을 수 있었던 것처럼, 그 아들인 이삭도 만만치 않은 기다림이 필요했다는 것을 깨달았다. 하나님이 약속하신 별처럼 많은 자녀를 얻기 위해서는 이삭이 자녀를 많이 낳아야 할 것 같은데, 결혼한 후 20년간 자녀가 없었다.

20년은 아주 긴 시간인데 하나님께는 긴 시간이 아니었을까? 하나님께는 천년이 하루 같고 하루가 천년 같다는 말씀이 있는데, 정말로 시간의 개념과 기준이 다른 것일까? 이삭은 하나님의 뜻대로 리브가와 결혼을 했고 그 과정도 하나님께서 예비해 주시고 인도해 주셨는데, 왜 자녀를 오랜 시간 동안 주시지 않았을까?

창세기 25장에는 이삭이 40세에 리브가와 결혼하고, 아이가 없어 주님께 기도하였고 쌍둥이 자녀를 낳았을 때는 60세라고 기록되어 있다. 임신이 안되자 주님께 아이를 달라고 기도하였고 주님이 들어 주셔서 쌍둥이를 나았다는 짧은 내용으로 20년의 긴 세월이 간추려 기록 되어있다.

아마도 이삭에게는 그 긴 기간이 기도의 시간이었고 주님을 믿고 바라는 시간이었나보다. 하나님이 보시기에는 이삭이 믿음으로 기다린 그 시간이 귀했기 때문에, 성경에 적어 놓으셨나 보다.

그 시간은 이삭만 믿음 안에서 기도한 것이 아니라 아내 리브가도 믿음을 가지고 기도하는 시간이었던 것 같다. 주님이 오랜 기도를 들어 주셔서 임신하게 하시고 쌍둥이를 주셨을 때는 다음 과정이 원만하게 진행될 것 같은데, 그렇지 않았다. 태안에서 싸우는 상황에 리브가는 괴로웠나 보다. 괴로울 때, 왜 이런 일이 일어나는지 이해가 안 될 때, 리브가는 주님을 찾고 주님께 나아가 기도했다.

"왜 이런 일이 나에게 일어나는 건가요?"라고 물으며 주님께 나아가는 리브가의 질문이 와닿는다. NIV번역의 'Why is this happening to me?' 그 물음이 내 마음에 와닿는다. 그 외침은 따지려는 것이 아니라, 정말로 이해가 안 가기 때문에, 그래서 나는 답을 얻을 수가 없기 때문에, 주님만이 알 수 있는 문제이기 때문에, 주님께 묻고자 하는 마음으로 나아갔을 것 같다. 그런 리브가에게 주님이 대답하시고 주님의 계획과 섭리를 알려주셨다.

아마도 자녀를 기다리는 20년의 세월은 리브가에게도 믿음으로 기도하는 시간이었고, 이해할 수 없는 괴로운 상황이 또 나타났을 때 주님께 먼저 나아가 물어보는 믿음의 사람으로 빚어지는 시간이 아니었을까?

하나님의 시간은 우리의 시간과는 개념과 의미가 정말 다른 가 보다. 주님 앞에 나중에 섰을 때 계수하시는 시간도 아마 내 생각과는 다르겠지… 나에겐 약속이 이루어지지 않고 아무 일도 일어나지 않은 20년이 아깝고 아쉽다고 생각할 수 있겠으나, 주님이 생각하시는 그 20년은 주님을 의지하고 바라고 기도했던, 주님이 의미 있다고 계수하시는 시간일 수도 있겠다.

어쩌면 이루어지지 않은 상황 속에서 주님께 묻고 바랄 수 있는 믿음을 주시는 것이 참 복인 것 같다. 기도의 응답이, 주님의 약속이 더디(내 관점에서) 이루어지는 것은 주님이 주시는 복을, 주님 안에 거하는 복을 누리는 시간일 수도 있겠다.

엄마의 식탁

내가 암 진단을 받고 아프기 시작하면서 새로 추가된 기도는, 부모님보다 오래 살아서 이 땅에서 잘 보내 드리는 역할을 할 수 있기를 바랐다. 시부모님과 아버지는 하늘나라로 가셨기 때문에 지금은 엄마보다 오래 살게 해 달라고 기도하고 있다.

엄마는 나와는 달리 활달하시고 명랑하신 분이다. 그리고 나와는 달리 살림하는 것을 좋아하신다. 음식 만드시는 것을 좋아하기 때문에 지금도 새로운 레시피 배우는 것을 신나 하시고 예쁜 그릇에 담아내는 것도 좋아하셔서 그릇 욕심도 많으시다. 딸에게 주시려고 조금씩 모아두신 그릇들을 결혼할 때 주셨는데, 요리를 잘 못하는 나에게 와서는 빛을 못 보고 찬장 깊숙이 박혀 있을 뿐이다.

아직은 건강하셔서 하고 싶으신 것도 많으신데, 안타깝게도 눈이 안 좋으시다. 황반변성이 심하여 시력이 거의 없다. 최근 몇 년 동안 더 진행하여 이제는 얼굴도 못 알아보시고 글씨는 전혀 읽지 못하신다. 새로운 곳은 혼자서는 가지 못하시고 익숙한 길, 외우고 있는 집 주변만 조심히 다니신다. 그럼에도 불구하고 새벽기도를 다니시는 모습은 혹시라도 넘어지실지 걱정도 되지만 나의 든든한 기도 지원자가 되어주셔서 감사하다.

최근 아버지가 돌아가신 후 혼자 되셨을 때도 기도하시며 씩씩하게 견디셨고, 아픈 딸이 마음 아프셔도 기도하시며 항상 웃는 모습을 보여주셨다.

같은 아파트 위층에 사시기 때문에 퇴근 후 저녁을 먹으러 간다. 눈이 보이지 않으셔도 수십 년간 해오던 요리는 '눈 감고도 할 수 있는' 경지에 이르신 것 같다. 잘 안 보이시니 시간도 오래 걸리고 힘들어하시는 것 같으나, 그래도 음식 만드시는 것이 기쁘다고 하시며 이렇게 기도하신단다.

'하나님이 부르시는 그날까지 내 손으로 음식 만들어 먹을 수 있게 해주세요'.

나이가 80이 넘은 노인이 50살이 넘는 딸의 밥을 차려준다고 매번 놀리신다. 그래도 나는 꿋꿋하게 엄마 밥을 먹으며 엄마의 기도에 내 기도를 더 얹는다.

'엄마가 만들어 주신 밥, 오래오래 먹게 해주세요.'

나이가 90이 넘는 노인이 60살이 넘는 딸의 밥 해준다고 놀리시면 좋겠다.

함께 걸음

표적항암제의 흔한 부작용 중에 수족 증후군이라고 있다. 손발의 피부가 빨개지고 벗겨지기도 하고 수포 등의 발진이 나고 통증이 있는 부작용이다. 발바닥에 생기면 걷기가 힘들어지고 손에 생기면 손을 쓰는 일상생활이 어려워지기도 한다.

오른손 손가락에 빨갛게 부은 피부병변이 생겼다. 숟가락과 젓가락질하거나 물컵 손잡이를 잡을 때 주로 닿는 부위이다. 반복되는 마찰이 생기는 부위에 잘 생긴다고 하는데 치료는 피부에 자극을 주지 않도록 하는 것이라고 한다.

젓가락 사용이 힘들면 포크를 사용해도 되고 왼손도 사용할 수 있지만 발바닥에도 생길까 걱정이 된다. 최근엔 피로감이 심해져서 산책도 많이 못 하고 있었는데 이제는 걷는 일상도 힘들어 지면 어떡하나... 가능한 발바닥 마찰을 줄여보려고 집 안에서 걷는 것도 잘 안 하려고 한다.

아직 생기지도 않은 일인데도 걷는 일상이 힘들까 봐 미리 염려하는 마음으로 우울한 느낌과 낙심이 찾아든다.

지저스콜링(사라영) 책을 읽는데, 이 문장이 마음에 와닿는다.
"주님과 함께 기꺼이 위험을 감수해라, 만약 위험한 곳으로 이끄신다면 그곳이야말로 가장 안전한 곳이 될 수 있다."

주님과 함께 걸어가는 곳, 그곳은 편안한 길은 아닐 수 있으나 주님의 임재를 가장 가까이 느낄 수 있는 곳이다. 발이 아파 절뚝거리며 걸을 수도 있지만 주님과 함께라면 가장 좋은 곳일 테니... 편안하지는 않지만 평안한 곳일 테니.

거기서도 주의 손이 나를 인도하시며
주의 오른손이 나를 붙드시리이다
(시편 139:10)

선을 이루시는 하나님

가족 단톡방에 남편이 올린 이규현 목사님의 설교 말씀을 들었다. 창세기의 요셉이 겪은 고난을 통해 요셉이 깨달은 고난의 숨겨진 비밀을 말씀하셨다.

형제들의 질투에 의해 낯선 땅으로 팔려 가고, 가족과 생이별하고, 노예가 되고, 억울한 누명을 쓰고, 감옥살이하고... 일련의 고난을 통해 결국은 애굽의 총리가 되었다.

워낙 유명하고 드라마틱한 이야기라 이 스토리의 뮤지컬 관람을 한 기억도 난다. 그러나 고난 끝에 잘 풀려서 잘살게 되는 것이 고난의 의미가 아니라 요셉이 형제들 앞에서 고백한 말이 고난의 신비이었다.

형님들이 나를 이 곳에 팔았다고 근심하거나 한탄하지 마십시오. 하나님께서 우리 가족을 구하시려고 나를 형님들보다 먼저 이 곳에 보내셨습니다.

하나님이 놀라운 방법으로 형님들을 구원하고 형님들과 형님들의 자손들이 살아 남도록 하기 위해서 나를 형님들보다 먼저 보내셨습니다.
(창세기 45:5,7)

자신을 팔아넘긴 형제들을 탓하고 미워하는 것이 아니라, 하나님이 자신을 사용해서 큰 기근으로부터 생명을 구원하시려고 자신을 보내셨다고 오히려 형제를 위로하였다. 이스라엘의 12형제들과 그 후손을 보존하시고 구원하시려고 하나님이 하셨다고 한다. 아브라함에게 약속하신 큰 민족을 이루게 하시겠다는 언약이 이루어지고 있는 과정이었다.

형님들은 나를 해치려고 하였으나 하나님은 그것을 선으로 바꾸셔서 오늘날 내가 많은 사람의 생명을 구할 수 있게 하셨습니다. 그러니 형님들은 조금도 두려워하지 마십시오. 내가 형님들과 형님들의 자녀들을 보살펴 주겠습니다.

이와 같이 요셉은 따듯한 말로 그들을 안심시켰다.
(창세기 50:20-21)

자신의 고난의 목적이 생명을 살리고 구원하시기 위한 것이라는 것을 깨달은 요셉이었다. 그래서 형제들의 생명을 구원하시기 원했던 하나님의 섭리를 깨닫고 자신의 생명을 해하려 한 형제들에게 원수를 갚지 않는다. 고난을 통해 하나님의 마음을 알게 되고 자신의 고난이 해석되었기 때문이다. 하나님의 마음은, 하나님의 뜻은 당신의 백성을 구원하시는 것이다. 요셉의 형인 유다의 후손을 통해 예수님이 이 땅에 오셨고 예수님은 우리를 구원하셨다. 구약 첫 이야기인 창세기부터 우리를 구원하시기 위한 하나님의 계획과 섭리가 이어져오고 있는 것이다.

욥기 말씀, 성도가 고난을 받는 이유를 설교하신 말씀이 다시 떠 올랐다. 욥도 고난을 통해 자신을 정죄하고 비난했던 세 명의 친구를 위해 중보하는 자로 연단되어 그 친구들을 살렸다. 고난을 통해 생명을 살리시기를 원하시는 하나님이시다.

'모든 것이 합력하여 선을 이루신다'는 말씀에서 '선'은 좋은 것을 넘어서 구원이라고 설명하셨다. 하나님이 가장 원하시는 것은 우리의 구원일 테니 정말 그런 것 같다. 고난도 구원을 이루기 위한 것이다. 내가 고난을 받는 이유는 구원을 이루시기 위한 것이다. 나를 살려주시는 이유는 아직 나를 통해 구원을 이루시기를 원하는 선하신 계획이 남아있기 때문이다.

지금 우리가 겪는 일시적인 가벼운 고난은,
비교할 수 없을 정도로 영원하고 크나큰 영광을
우리에게 이루어 줍니다.
(고린도후서 4:17)

고난에 대해 그리고 영광에 대해 이해가 조금 더 되는 것 같다. 우리의 고난을 통해 구원이 이루어진다면 얼마나 영광스러울까?

Good Luck

우리가 사용하는 인사말 중에 행운을 빈다는 뜻인 "Good luck"이 있다. 나는 평소에 이런 말을 잘 하지는 않지만, 말하고 후회했던 경우의 기억이 있다.

이민 가신 부모님을 만나러 전공의 여름휴가 때 캐나다를 일주일간 방문했었다. 경유하면 비행기 요금이 낮아지기 때문에 일본을 경유하는 길을 택했었다. 돌아오는 비행기에서 옆자리에 앉은 일본 여학생과 짧은 영어지만 이런저런 이야기를 하며 왔다. 귀엽고 다정한 여학생이라 내게 피카츄 그림을 그려주기도 하면서 긴 비행시간을 재미있게 지낼 수 있었다. 일본은 기독교 신자가 많지 않은 것으로 알고 있어 예수님을 아는지 물어보기도 하고, 교회에 대한 이야기도 하며 마음속으로 예수님을 만나고 신앙을 갖기를 기원했었다. 비행기에서 내려 헤어질 때 서로 아쉬운 마음을 느꼈었는데, 단순히 'bye'라고 인사하기에는 부족함을 느끼며 엉겁결에 "good luck"이라고 말하며 손을 흔들며 헤어졌다.

말하고 돌아서자마자 후회가 되었다. 우리는 운으로 사는 것이 아닌데… 우리의 삶은 그리고 그 여학생의 삶은 행운이 아닌 예수님이 필요한 것인데… 온 우주와 역사 그리고 우리의 인생을 다스리고 계신 예수님을 제대로 전하지 못한 안타까운 마음이 들었다.

우리는 보통 우리 뜻대로 일이 돌아가지 않으면 불운이라고 하고, 생각보다 일이 잘 풀리면 행운(lucky)이라고 한다. 그러나 모든 것의 주인이신 주님이 통치하심을 믿으며 어떤 상황에서든지 모든 것이 합력하여 선을 이루신다는 것을 믿고 있다면, 운으로 사는 의미의 말인 '불운과 행운'은 믿는 자가 쓰는 단어는 아닌 것 같다. 재수가 좋다, 사주가 좋다도 말이 안 되는 말이다. 우리의 인생은 단순히 운으로 사는 것보다 훨씬 중하고 귀하다. 하나님께서 손수 만들어 주셨고, 예수님께서 생명을 바쳐 살려주신 인생이기 때문에.

하나님을 사랑하는 자
곧 그의 뜻대로 부르심을 입은 자들에게는
모든 것이 합력하여 선을 이루느니라 (로마서 8:28)

앞으로는 이렇게 인사하고 싶다.
'Good luck'이 아니고, 'Peace be with you'.
행운을 비는 것 대신에 '평안이 함께하기를 빕니다'

어제 같이 산책하던 남편이 설교 말씀에서 들었다며 말했다: 평안은 구원을 말하는 것이다.

끄덕여진다. 구원의 문제가 해결되지 않으면 평안이 있을 수 없다. 예수님은 십자가에서 구원을 완성하셨고, 우리에게 평안을 주셨다. 어떤 형편에 있던지 상관없이, 주님 안에 거하는 자에게는 평안을 주셨다. 주님이 얼마나 우리를 사랑하시는지 그리고 회복케 하시는지 알아갈 때 그 안에 평안이 있다.

주님의 구원이, 주님의 평안이 이 책을 읽는 모든 사람에게 함께 하시길 기도한다.

크리스마스이브에 쓰는 에필로그

모두가 특별하게 생각하는 크리스마스이브이다. 예수님이 이 땅에 오신 날이지만 예수님을 믿지 않는 사람들에게도 가족과 함께하는 시간, 선물의 시간, 한 해의 감사를 나누는 시간... 저마다 여러 의미를 가지고 즐겁게 보내는 시간이다.

나에게 크리스마스의 의미는 주님이 가장 낮아지신 날을 기억하는 것이다. 오래전 크리스마스의 설교를 들으며 깨달았던 사실이 참 귀해서 매해 이때마다 생각이 난다. 다니엘 신 목사님의 설교 말씀이었던 것으로 기억한다.

하늘의 영광을 가지고 계신 지극히 높으신 분이 나를 위해서 이 낮은 땅으로 내려오신 날이다. 말구유에서 시작하여 십자가를 지시기까지 주님은 이렇게까지 낮아지셨는데... 나는 자꾸만 높아지고 싶어 한다. 내가 높아지고 싶은 마음으로 꽉 차있으면 낮아지신 주님을 만나기가 어렵다. 주님과 서로 다른 방향을 바라보고 있기 때문이다. 나를 살려주시기 위해서 가장 낮은 곳으로 오신 주님을 기억하며 감사하며 내 마음은 무엇을 바라고 있는지 어느 방향을 보고 있는지 다시 돌아본다.

올해는 또 하나의 의미가 생겼다. 작년 크리스마스이브에 처음으로 글을 쓰기 시작하였다. 그날 〈고백: 넘치는 기쁨〉의 프롤로그를 썼던 기억이 난다. 지난 일 년 동안 암 재발과 면역항암에서 표적 항암치료까지 여러 일들이 있었지만, 한편으론 책 출간의 은혜를 통해 우리 주님을 많은 분들과 같이 기뻐하며 그 말씀을 나눌 수 있어 참 행복했던 일 년이었다. 올해 크리스마스이브에는 두 번째 책의 에필로그를 쓰며, 나에게 이런 은혜를 주신 주님의 인도하심이 참 신기하고도 놀랍다. 내년 크리스마스에는 또 어떤 의미와 감사가 기다리고 있을까?

나라서가 아니고 나인데도

에필로그를 완성하고 글을 편집자님께 보냈다. 두 번째 책 출간을 준비하는 이야기를 시작하였고 남편에게 상황을 보고(?)하였다. 남편은 출간을 찬성하지 않았다. 첫 번째 책 내용과 별로 달라진 상황이 없는데 굳이 짧은 기간의 일들을 책으로 낼 일이 있겠느냐고 반문한다. 그리고 자신이 정말로 원하는 것은 나의 완치인데 그렇지 않은 현 상황에서 마음이 아프다고 말한다. 나만 생각하느라 주위 사람의 마음은 많이 생각 못 했던 것 같다. 가장 가까운 배우자의 마음을 들여다보니 아픔과 슬픔이 느껴진다. 어쩌면 나보다도 더 힘들 수도 있지 않을까 생각해 보기도 한다. 반려자가 이렇게 힘들어하고 찬성하지 않는다면 기다려야겠다고 생각한다. 주님의 인도하심을 구하며 기도 해야겠다고 생각한다.

새해엔 두 가지 기도를 더 집중적으로 해야겠다. 남편의 마음을 위로해 주시고 평안을 넘치게 부어 주시기를 간구한다. 남편의 기도를 그리고 나를 위해 기도해 주시는 많은 분의 기도를 들어주시고 온전한 완치를 주시기를 기도한다. 하나님의 모든 말씀은 능하지 못하심이 없으니 나를 고쳐 주시기를 간구한다. "딸아... 네 병에서 놓여 건강할지어다"의 말씀이 이루어지기를 붙들고 매일 기도해야겠다.

남편의 말대로 왜 출간하려는지 내 마음을 다시 돌아본다. 상황이 크게 변하지 않고 계속 투병 중인 현 상황에서, 아니 더 힘들어지는 현 상황에서...
이미 첫 책에서 나와 동행하시는 주님이 주시는 기쁨에 대하여 나누었는데 무엇을 더 나누고 싶은 것일까...

간증은 잘 못하면 자랑이 될 수 있다는 말을 종종 들어왔기 때문에 나의 깊은 속마음을 다시 들여다보고 싶다. 만약 나의 글이 나를 나타내고 나의 자랑이 된다면 안 되는데...

나라서가 아니라 나인데도 주님께서 사랑으로 인도하시고 그 뜻을 이루어가심을 나누고 전하고 싶은 것인데... 아직 주님을 모르는 분들과 힘든 삶의 길을 걸어가고 있는 분들에게 주님의 놀라운 완전한 사랑을 이야기하고 싶은 것인데...

바울은 오직 십자가만 자랑하였다.

그러나 내게는 우리 주 예수 그리스도의 십자가 말고는 아무것도 자랑할 것이 없습니다.

(갈라디아서 6:14)

그리고 오히려 자신의 약함을 자랑하였다.

그러나 주님은 나에게 "내 은혜가 네게 족하다. 내 능력이 약한 데서 온전해진다"고 말씀하셨습니다. 나는 그리스도의 능력이 내 위에 머물러 있도록 하기 위해서 나의 약한 것들을 더욱 기쁘게 자랑합니다.

(고린도후서 12:9)

내 안에 숨겨져 있는 내 자랑이 있다면 다 내려놓기를, 버리기를 간구한다. 이렇게 약한 나인데도, 주님의 십자가 영광이 숨겨지지 않고 빛을 비추시기를 간절히 구한다. 우리와 함께하시는 주님의 사랑은, 아프고 힘들 때도 언제나 넘쳐서 우리에게 평안을 이루시게 하심을 같이 기뻐하고 싶다.

연말정산

현 직장에 근무한 지 20년이 넘었지만 매년 1월마다 연말정산 신청하는 것은 복잡하게 느껴진다. 매번 방법이 헷갈려서 여러 번 물어물어 겨우 제출한다. 학생인 두 아들의 공제를 같이 신청하는데, 일 년간 사용한 카드 값을 확인해 보니 새삼스럽게 놀랍다.

작은 씨앗이라는 단톡방이 있다. 교회대학부의 선후배님들이 모여 선교사와 사역자의 재정과 기도 후원을 하는 모임이다. 후원하는 단체 중에 여성 지적장애인 생활 시설인 춘천의 '나눔의 동산'과 지역 결손 가정의 청소년들의 쉼터인 '카페 동산'이 있다. 저녁 밥을 굶는 아이들에게 컵밥을 제공하며 쉼을 주는 장소이다. 학생들에게 일대일 장학금을 후원하기도 하는데 적은 금액이지만 졸업할 때까지 자신에게 매달 후원해 주는 사람이 있다는 사실에 학생들 마음이 든든해지고 앞으로 무엇을 하며 살아야 할지 소망도 가지게 된다고 한다.

두 아들에게 사용된 일 년의 금액을 정산해 보니 생각보다 많은 금액이었고, 결손 가정에서 고생하는 학생들을 생각하니 후원하고 싶은 마음이 들었다. 사실 한 명만 후원하려고 생각했는데, 오늘 강명옥 전도사님의 '모닝만나'의 말씀을 들으며, 아들이 둘이니 두 명의 학생을 후원 해야겠다는 생각이 들었다. 하나님이 주시는 마음은 항상 내 생각보다 한 수 위이다.

너희는 곡식을 추수할 때 구석구석 다 베지 말며 떨어진 이삭도 줍지 말고 그것을 가난한 자와 나그네를 위해서 내버려 두어라. 나는 너희 하나님 여호와이다. (레위기 23:22)

학생들이 졸업할 때까지 3년 동안 후원할 생각을 하니 감사하다. 3년 동안 건강을 지켜주셔서 기도와 장학금으로 후원할 수 있는 은혜를 주시면 좋겠다. 앞으로도 오랫동안 이 직장에서 계속 연말정산 할 수 있으면 좋겠다. 신청 방법이 복잡하고 귀찮다고 투덜거리지 말고 감사함으로 해야겠다.

신뢰

보트리엔트 표적항암제를 시작한 지 6개월째이지만, 크고 작은 부작용을 경험하며 실제로 사용한 날은 4개월이 채 안 된다. 그마저도 간 수치의 증가로 인해 적은 용량으로 들어갔고 1~2주씩 약을 중단해야 했던 경우가 많았다.

주기적으로 약 3개월마다마다 검사하는 폐와 복부 CT를 찍을 날이 다가오자 제대로 약이 안 들어가 치료 효과가 미비했을 거란 생각에 마음이 좀 더 무거워졌다.

2024년 2월 28일 CT 검사를 진행하였다. 다시 떨리는 마음으로 판독을 확인하니 좌측 폐에 자리하고 있던 전이 결절은 그대로 있고, 우측 폐에 새로운 전이 결절이 보인다고 한다. 그리고... 좌측 갈비뼈에 뼈 전이가 의심된다고 쓰여 있었다. 반대편 폐의 새로운 전이 사실에도 놀랐지만, 새로운 장기인 뼈까지 전이되었다는 사실을 어떻게 받아들여야 할지 몰랐다.

이어서 진행된 전신 뼈 스캔 검사에서는 갈비뼈 한 군데만 전이된 것으로 판명되었다. 일단 여러 군데가 아니어서 감사했다. 그러나 새로운 장기로 전이되었다는 충격이 상당하다…

마치 동떨어진 새로운 나라에 이민하여 정착하느라 많은 고생을 했는데, 적응이 다 되기도 전에 또 더 먼 나라로 가서 새롭게 부딪혀야 하는 상황이 된 것 같다.

뼈 전이는 통증이 심하다고 알고 있는데 어떤 일들이 벌어질까? 방사선 치료라는 새로운 방법과 새로운 부작용을 경험하게 되는 걸까? 키트루다에 이어 보트리엔트도 내성이 생겼으니 또 다른 약으로 바꾸어야 하는 걸까?

"주님, 저에게는 무슨 일이 일어나는 걸까요?"

〈지저스 콜링〉 책을 읽는 데 마음에 와닿는 문장이 있다. 요즘엔 모르는 단어를 찾아가며 영어 원어로 한 장씩 읽고 있다.
"Thank you, Jesus, for this opportunity to trust You more."

(뭔가 걱정스럽고 불안할 때는 감사하는 마음으로 내게 기도하렴-예수님, 당신을 더욱 신뢰할 수 있는 기회를 주셔서 감사합니다-라고 말이다)

주님께 간구하고 기도할 때는 감사함으로 하라고 하셨다.
아무것도 염려하지 말고 다만 모든 일에 기도와 간구로,
너희 구할 것을 감사함으로 하나님께 아뢰라
(빌립보서 4:6)

이 혼란스러운 상황에서 주님께 감사함으로 기도한다. '염려하기 보다 기도하며 주님을 신뢰합니다. 이 어려운 상황속에서도, 나와 함께 하시고 지켜 주시는 주님의 사랑이 더 크기 때문에 넉넉히 이기게 하실 것을 믿습니다. 고통이 있더라도, 나보다 앞서가셔서 내가 감당할 만큼만 주실 것을 압니다.

이 고통이 감당해야 할 일종의 사역이며, 다른 방법으로는 할 수 없는 일을 이루시는 데 사용하시며 결국엔 선을 이루실 것을 소망합니다. 이 상황이 주님을 더 신뢰할 수 있는 축복의 기회가 되게 하실 줄 믿고 감사합니다.'

하루씩, 하루씩

새로운 표적항암제인 인라이타를 복용하기로 하였다. 새로운 약이니 새로운 적응이 또 필요하겠지…

뼈 전이에 대해서는 방사선 치료를 적극적으로 권하시는 선생님과 방사선의 부작용 등을 고려할 때 지켜보자는 선생님의 의견으로 갈리었다. 정답이 없다는 것을 알기 때문에 오히려 마음이 편하다. 어떤 방법을 선택하든지 그 끝이 어떻게 될지는 아무도 모르는 상황에서, 나를 사랑하는 주님께서 가장 좋은 것으로 주시겠지…
결국은 갈비뼈에 방사선치료를 하는 것으로 결론이 났다.

미래에 대해 너무 많은 생각을 안 하려고 한다.
〈지저스 콜링〉에서 읽은 문장이 내 마음을 울린다.
'Trust Jesus one day at a time' (하루씩 주님을 신뢰하렴)
오늘 하루 통증 없이 지내고, 오늘 하루 잘 먹고, 오늘 하루 직장에 나가서 일도 하고, 오늘 하루의 일상을 마치고 밤에 침대에 편하게 누워 잠을 청할 수 있는 행복을 하루씩, 하루씩 기뻐하며 감사하며 그렇게 살 수 있으면 좋겠다.

'하루'라는 것도 하나님이 창조하신 시간인 것 같다. 천국에서는 영원이라는 시간 속에서 사는 것으로 알고 있지만, 영원 안에서도 하루라는 개념이 있을까?

창세기에는 하나님이 태초를 창조하실 때 "저녁이 되고 아침이 되니 첫째 날이니라"라고 하셨고, 일곱째 날에 창조일을 마치시고 안식하시며 그날을 복되게 하셨다고 쓰여 있다.

하나님이 만드시고 주신 하루이다.

매일 밤 하루 주심을 감사하고, 아침을 맞으며 또 하루 주심을 감사하며, 하루를 주님께 맡긴다.

내가 평안히 눕고 자기도 하리니
나를 안전히 살게 하시는 이는 오직 여호와이시니이다
(시편 4:8)

벗

나를 벗이라고 불러준 친구가 있다. 친구는 익숙한 단어지만 벗이라는 단어를 사용해 본 기억은 없는 것 같다. 그 친구는 작년까지만 해도 얼굴과 이름 정도 알고 있는 동기였다. 내가 아프다는 소식을 어디선가 듣고서는 위로해 주고 싶은 마음을 담아 나에게 시를 선물해 주었다. 그 친구는 학생 때 문인으로 등단한 시인이었다. 문학적 소양이 부족한 나는 그 시를 완전히 이해하지 못했을 수는 있지만 마음으로 읽혔다. 그리고 그 이후 가끔 한 번씩 카톡으로 연락하며 안부도 물어주고 하는 친구가 되었다. 글 쓰는 일에 초보적인 나에게 조언과 격려를 아끼지 않는 글벗이 되어주었다. 그 친구가 쓴 시집과 소설 그리고 처음 들어 보는 하이쿠집도 접해보면서 신기하기도 했다. 난 시집을 즐겨 읽는 사람이 아닌데, 친구 따라 강남 가듯 그 친구를 통해 문인의 모습을 조금은 느끼고 알게 된 것 같다. 그가 쓴 글에 담긴 가족과 친구들을 향한 따듯한 사랑을 느낄 수가 있었다.

최근 나에게 호를 지어주었다. 그 친구의 호는 '욱천'이라고 하는데, 호의 의미도 잘 모르는 나에게 '종야'라고 지어주었다. 여호와를 따른다는 뜻이라고 한다. 욱천의 시에선 목탁 소리가 들리기도 하는데, 그가 불러주는 호가 마음에 든다. 욱천은 친구들을 벗이라 부르며 호를 지어주고 문학을 이야기하며 즐기는 문인의 삶을 사는 친구이다.

친구라고 하기엔 나는 받기만 하는 것 같아 미안한 마음도 든다. 나를 친구라고 불러 주시는 분이 또 생각난다. 예수님도 나의 친구가 되어 주신다고 했다.

사람이 친구를 위하여 자기 목숨을 버리면
이보다 더 큰 사랑이 없나니
너희는 내가 명하는 대로 행하면 곧 나의 친구라
이제부터는 너희를 종이라 하지 아니하리니
종은 주인이 하는 것을 알지 못함이라
너희를 친구라 하였노니
내가 내 아버지께 들은 것을 다 너희에게 알게 하였음이라
(요한복음 15:13-15)

예수님은 나를 친구삼아 주셨다. 목숨을 버리는 가장 큰 사랑을 주셨기 때문에 나는 받기만 하는 친구다. 예수님은 하나님 아버지의 말씀을 알게 하시고 마음을 알게 해 주신 친구이시다. 하나님의 마음과 뜻을 더 알아가고 그대로 행하는 친구가 될 수 있기를... 나중에 주님 만났을 때 서먹서먹하고 먼 친구가 아니라 친밀하고도 가까운 친구일 수 있기를 기도한다.

글벗으로 인해 깨닫게 된, 벗으로 불리는 은혜가 감사하다.

하나님의 열심

사랑하는 내 딸아
너의 작음도 내겐 귀하다

너로 인해 잃어버린
나의 양들이 돌아오리라

조금 느린듯해도 기다려주겠니
조금 더딘듯해도 믿어 줄 수 있니
네가 가는 그 길 절대 헛되지 않으니
나와 함께 가자

앞이 보이지 않아도 나아가주겠니
이해되지 않아도 살아내 주겠니
너의 눈물의 기도 잊지 않고 있으니
나의 열심으로 이루리라
(사공정)

우연히 듣고 은혜받은 찬양이다. 곡 제목이 하나님의 열심이어서 들어보았다. 내가 읽었던 책 중에서 나에게 큰 영향을 주었던 책을 꼽으라면 박영선 목사님의 〈하나님의 열심〉이 떠오른다. 대학생 때 나의 믿음이 연약하여 넘어지고 지치고 불안해할 때, 한 친구가 권해준 책이다. 그 책을 읽고서 내가, 내 힘으로 살아가는 것이 아님을... 하나님이 이미 이루어 놓으신 구원과 선하신 길을 살아가고 있는 것임을 알게 되었다. 그래서 내가 넘어지더라도, 흔들리더라도, 주저앉아 있더라도, 하나님의 열심이 나를 다시 일으켜 살게 하심의 은혜를 알게 되었다.

이 찬양은 이사야 9:7의 '만군의 여호와의 열심이 이를 이루시리라' 말씀으로 만들어졌는데 쉬운성경에서는 '만군의 여호와께서 이 일을 이루실 것이다. 왜냐하면 주께서 자기 백성을 뜨겁게 사랑하시기 때문이다'라고 번역되어 있다.

이 찬양에서는 나만 살게 하심이 아니라, 나의 작음과 연약함을 통해 길 잃고 지친 사람들을 돌아오게 하시는 하나님이 사랑을 노래하고 있다. 하나님의 열심이 나를 살게 하고, 내 주위의 많은 힘든 사람들을 살게 하실 것을 바라본다. 열성적으로 우리를 사랑하시는 하나님의 열심이 우리를 살리신다니 안심이 된다.

전지전능하신데 열성적이기까지 하신 하나님!

평안히 가라

갈비뼈의 방사선 치료는 10번을 진행하기로 했다. 방사선 치료 받는 2주간 그동안 미루어 놓고 있었던 일을 하고 싶었다.

몽이의 동생 이본이 서프라이즈 선물처럼 내게 전해준 〈고백: 넘치는 기쁨〉 책의 영어 번역 파일이 있었다. 작년 말에 전달받았는데 수정 작업을 조금 진행하다가 어려워서 미루어 두고 있었다. 쉽고 간결하게 잘 번역을 해주었지만, 직역한 부분들을 손보고 작가의 의도에 맞게 다른 언어로 표현하기가 쉽지는 않았다. 캐나다에 거주하며 나보다 영어가 훨씬 편한 남동생에게 도움을 청해 수정본을 받았지만 결국 작가가 말하고자 한 내용은 작가가 손을 볼 수밖에 없다.

최근 몽이와 통화하다가 이본이 영어 번역을 하게 된 동기를 듣게 되었다. 탄자니아 분들도 이 책을 읽었으면 좋겠다는 마음이 들어 번역했다고 한다.

그 말을 들으니 나도 같은 마음으로 진행해야겠다는 생각이 들었다. 책이 영어로 잘 번역이 되어 나의 글체가 드러나는 것이 목표가 아니라, 내가 전하고자 했던 고백이 전달만 될 수 있다면 충분할 것 같다는 생각이 들었다. 멋진 영어 표현이 아니더라도 마음이 전달되는 것이 중요할 것 같았다.

방사선 치료라는 새로운 경험을 하며 매일 조금씩 번역을 수정해 보았다. 2주간 하다 보니 점점 즐기며 하게 되었고, 무엇보다 또다시 은혜를 기억하며 감사와 기쁨을 느끼는 귀한 시간이었다. 방사선 치료는 생각보다 힘들지 않았다. 치료가 반 정도 진행되었을 때는 갈비뼈 부위의 통증이 시작되었다. 원래 아무런 증상이 없었는데 새로운 증상이 보이니 걱정도 되었으나, 치료 부위에 나타날 수 있는 현상이라는 설명을 들었다. 얼마든지 참을 수 있을 정도의 불편감이었다. 잘 치료가 되고 있어서 주위 조직들이 좀 힘든 것이겠지...

통증 때문에 하루 쉬기는 했지만, 무사히 10번의 치료를 모두 마치는 마지막 치료 날은 특히 더 감사했다. 치료실에 누워 방사선을 쬐는 시간 동안 영어 번역을 수정하며 다시 묵상했던 마가복음 5장 34절 말씀을 계속 읊조렸다.

"Daughter, your faith has healed you. Go in peace and be freed from your suffering." (딸아 네 믿음이 너를 구원하였으니 평안히 가라. 네 병에서 놓여 건강할지어다)

나를 딸이라고 불러주시는 주님,
나에게 믿음을 주신 주님,
나를 고쳐주시는 주님,
나에게 평안을 주시는 주님,
나를 고통으로부터 자유롭게 하시는 주님

5년 전, 첫 신장암 진단받았을 때 약속의 말씀으로 읽었던 구절이지만 또 새롭고 감사하다.

평안히 가라고 하셨는데, 어디로 가야 하는 걸까요?
혈루증 앓던 그 여인은 치유 받은 후 어디로 가서 어떤 삶을 살았을까?

저는 앞으로 어떤 삶을 살게 될까요?

**이 책의 수익금은
탄자니아 선교센터에
전액 기부됩니다.**

탄자니아 선교센터 (ADIT: Accountability and Discipleship in Tanzania)는 탄자니아 현지 교회 교인을 위한 제자훈련과 교회 재정 건정성을 위해 설립된 종교법인입니다. ADIT는 올바른 신앙생활과 성숙한 크리스쳔으로의 양육과 교회 재정을 올바르게 관리함으로써 건강한 교회로 성장하는 데 도움을 주기 위해 세워진 선교단체입니다.